JN410616

그리움 6

곽현의 시집

세종출판사

● ● ● 시집을 내면서

세상에 떠돌 내 소리들이 두려움도 알고 겸손할 줄도 아는 그런 온유溫柔한 마음으로 다스려져 가는 겸허함이어야 한다는 걸 알고 싶었습니다.

내 정성 쏟아 놓은 시집, 먼저 태어난 다섯 형제(그리움 1,2,3,4,5)에서 받은 독자로부터의 차디찬 비평과 서러움들이 버려지고, 소외당하고, 누더기 같이 되돌아오는 못난 몸집이 되지 않으려 그들로부터 받는 더 성숙하고도 혹독한 시평으로 거듭 태어나고 싶었습니다.

준엄한 그 말에 귀 기울이고 함부로 소리하고 행동하지 않으려는 소리 낮은 사람이고 싶었습니다.

그리움의 덫에서 벗어나지 못하는 그리움, 그 그리움의 대상이었던 한 소녀의 청순한 모습이 나는 이토록 한 생을 다해가는 그리움이 되었을 줄이야 나를 짓누르고 있는 나만의 철학과 문학, 종교와 그 이념의 갈등들이 넋두리 되어 심오한 진리 앞에서 아스라이 피어난 시어詩語의 작은 빛으로 세상을 읊어볼 수 있는 그런 분화噴火로 와 닿는 한편의 시詩였으면 나의 길지 않는 여생 그 길목마다 귀 기울이며 드러내지도, 비켜 가려 하지도 않는 작은 모습이고 싶었습니다.

동행인 모든 분들과 창작지원금을 지원해주신 한국문화재단에 더없는 고마움 늘 잊지 않겠습니다.

2016. 12.

김해 진례면 초야에서.

차 례 • • •

제1부 그리움의 세계

제2부 이미지

제3부 아름다운 대자연

제4부 내 안에서

제5부 시의 세계

제1부

그리움의 세계

잊힐 수 없는 사람아

기억 속으로 멀어져간
아득한
네 모습이여
고요 속에서 가만히 피어나던 어느 봄날 물안개처럼
그 강변을 떠돌다 사라져간
물빛 같은 아련한 모습아
참이슬 피어나 반짝이며 언덕으로 뒹굴다
햇살과 도란도란 이야기 나누던
늘 그렇게만 멀어져간 아쉬움이
이토록 기다려지는 그림 같은 네 모습 앞에서
하루해를 투정해 보았었네

보이는 것 모두에서
들리는 것 모두에서도 그렇듯
영상 같은 움직임으로 날 배회하며
언제나 거기쯤에서만 서성이었지
기억과 추억
기다림과 추리推理에서 혼란해 하다
걷잡을 수 없이 처절한 방황으로

어느 한 기슭 그 순간을 부여잡고 눈물 지우며
리듬으로,
맵시로,
화음으로 넘나들며 앳된 사랑으로 영글어가던
깃든 네 모습처럼 내가 되고픈
환상 같은 모습에 안겨진 채로 머물려네

아련한 기억
그 기억으로 멀어져간
멀어져간 어느 먼 훗날
기억마저 사라져 버린 네 슬픈 사람이 아니기를
내 영혼
달래며, 달래며
기억에서 만이라도 있어 주기를
그런 슬픔으론 아니 되기를
잊힐 수 없는 사람아
잊힐 수 없는 그리운 사람아.

메아리 되어

떠나는 줄로만 알았는데
사라지는 줄로만 알았는데
되돌아오지 못하고 허공에서 떠돌다
어디론가 사라져가 다신 올 수 없는 줄로만 알았는데
그랬던 것이
어느새 내 곁으로 다가와선
나를 배회하며
휘감고 있구나
내 목소리와
내 몸짓
그댈 부르는 애절한 음성 그 뒤로 떨리고 있는
슬픈 내 눈동자까지
미치는 그곳까진 도달하지 못해하는
그런 모습으로 다가와선
내 귓전에서
바로 내 눈앞에서 이글거리듯
속삭이고 있구나

여리고
가냘픈
나직하고 다소곳한 그 모습이
바로
그대 모습 같은
그대 음성 같은 환생의
메아리로.

나의 노래

닿지 못하는 그대로에서
건넬 수 없는 마음 하나 애태우는
그때처럼 지금도
말할 수 없는 허전함을 어떻게
어떻게 노래해야 하나요
말로 못다 한
그 마음
건넬 수 없는 외로움이 한없이 파고든 슬픔
언제나 벗어날 수 없는
그댈 위한 나의 마음 두어 둘 곳 없어
펼쳐낼 수 없는 날개를 퍼덕이며 안타까이
안타까이 날려 하옵니다
내 모두를 안고 떠도는
나의 노래
부르다 목메인 채
몸짓으로 몸짓으로만 뒹굴며 불러본 나의 노래여
거기에다 여기를 오롯이 안겨드리려
이토록 눈물겹게 불러봅니다
소리 없는 소리

서럽도록
그 오랜 기다림으로 갈망해온
내 노래
나의 노래여.

너를 위한 나의 노래

너를 위한 나의 노래는
늘 너를 위한 그쪽으로 향한다
아침 햇살 머금고 있다가도
어느새 석양이 손짓하면 어쩔 수 없이 토라지는
그런 마음 흔들리며
너를 위한 하루해를 감아본
그래도 허전하기만 한 마음으로
너를 위한 그쪽으로만
내 노래 한 소절 불태워 본다

출렁대는 저 강물 위로
마지막 노을빛이 이끌려간 질투심에서도
어두운 밤
다시 밝아올 아침
그 어느 것 하나에서도 흔들리지 못하는
마음 하나에서 애태우는
너를 향한
너를 위한 나의 노랜
모두가 녹아버릴

강한 질투심으로 복받쳐가
그 어느 노래보다 더
순결하고
청아한 목소리 되어 멀리 메아리 되어간다
너를 위한
나의 노래는.

더는 서럽지 않으려

떨어지는 잎사귀에서도
마음 뛰었네
거기 묻히기 전 그댈 향한 이 마음
드러내려
긴긴 시간 접어둔 뒤안길
이제는 아무도 모를 어느 기슭 외딴곳에
그 작은
초라하고 미미한 마음 가득 가두고선
더 짙어가는
빛과, 향기와, 바스락 소리와
겹치고 겹쳐가는 낙엽의 섶에서
혼연히
아우른 채
나만의 아픔 달래려네

홀로 방황하다 밀려져 간 내 모습
더는 서럽지 않으려
더는 서럽지 않으려.

바람 소리마저도

이젠
바람 소리도 가로막으려나
한참 동안이 언제든
어둠이 다가와 선 그때부턴
안타까이
바람 소리마저도 잦아버렸다
자유롭고
언제나 기뻐하며 다가오던 그 바람
그 바람 소리마저도
이젠 더 다가오지 못하는가
그 바람소리에서
그 바람소리로부터 전해들은
그 바람소리에 안겨져 오던 향기며
그 바람소리가 덤으로 내게 소식 전하던
그대의
말소리도
눈빛도
풋풋한 맵시도 그대로의 그 모두를
이젠

더 들을 수도, 볼 수도 없는
어둠이 가로 막아
다가오지 못하는가
그렇게
바람 소리마저도.

거기만큼에서만

우린 그렇게 멀어져가고 있는 건가요
함께하던 그 순간들이
기억에서 멀어져가는 것처럼
얼마나 애태웠던
그만큼의 간절함이었기에
서로는 동경憧憬하며 그리워했던
그 숱한 날들,
때론 사랑하고
때론 미워하며 갈등하던
그러나 그러면서도
서로는 더 다가설 수 없었던 모습으로
못다 한 그 말 목이 메인 채
뛰던 가슴이
아직도 멎지 못해
아직도 기억에서 못다 사라진 채 거기만큼에서만
우린 그렇게 멀어져가고 있는 건가요
거기만큼의 거리에서만 손짓하며
안타까이 멀어져가고 있는 건가요.

없는 듯 있었던 사랑

늘 그렇게 생각했습니다
대수롭지 않게만 생각했고
소중하다는 생각은 생각조차도 못했습니다
있으면 있고 없으면 없는 대로
있어, 내게 그늘이 되었고
있어, 내게 행복한 나날이었다는 것을
그땐
몰랐습니다
언제나 버려둔 듯 무관심으로
때론 필요 없는 것처럼
내가 하고자 하는 일마다 가려지곤 하던
불편하기까지 했던 것입니다

차라리 없었으면 했던 때도 있었습니다
그러자 어느 날
내게 불편한 그것이 차차 멀어지기 시작했습니다
그리고 어느 날 퇴색되고 망가져 가면서
내게서 멀어져만 갔고
그리곤 사라지고 말았습니다

그런데
곧이어 얼마가질 않아서
없어진 그것이
내게 그늘이 되었고
거센 비바람을 막아주었다는 것을
느끼기 시작했습니다
내 마음을 같이 건네 볼 수도 있었고
힘들고 어려울 때 도움을 청할 수 있었던 것을
미처 느껴보지 못했다는 것을
알게 되었습니다

무관심했던
불편하게만 생각했던 그것이 내게
말없이 있어 준
그늘과, 울과, 방편이 되었다는 것을
떠난 후에야
그때의 그 사랑을
알 수 있었습니다
없는 듯 있었던 그 사랑이.

가을 사랑

쓸쓸한 사랑
허전하고 외롭던 그때처럼 또
오시는구려
그 모두를 다 안고서
저 멀리 멀리서부터 다가오고 있구려
쓸려가는 단풍처럼
빈 벤치 위에서조차도 머물지 못하고
바람 따라 날려 가버린 그 빈 벤치
이제 나만이 앉았네
수없이 떨어져 내리는 낙엽
그 아래로
나는 공허와 남겨진 삶의 넋두릴
어찌할 바 몰라
지나가는 바람에게 매달려본다오

들릴 듯 들리지 않는
그대의 나직한 목소리 같은 바람결 따라
짙은 빛 단풍이 분분히 흩날려

남겨짐이
이토록 쓸쓸함이었을 줄이야
가고 없는
그 시간, 그 때, 그 사랑
나의 사랑 스쳤던 그곳이
여기였던 것을
저렇게
모두가 다 날려 가버린 빈 여정旅情서
멈추지 못하는 마음 두어두지 못해
슬픈 사랑은 떠밀리듯
이렇게
방황하고 있는 걸까요
그때처럼 또 이 가을을 서성이며,

끝나지 않은 내 노래

그토록 이어지던 기다림도 멈춤도 아닌
그때의 내가
지금이라고 말하기엔 그래도 아직은 이른
그러나
지금이라기보다 더 먼 내일이면 하는 설렘이 있어
멈춤을 못하는 것인지

오래 동안이란 말
거들떠보지도 못할 서툰 이어짐이 있어
그래도
이어져가길 원했던
그래서 더욱 멈추지 못했던 나의 노래
아마도 그때부턴
너무 먼 나의 사랑이
기다리다, 기다리다,
기다리려는 아득한 처음과 끝 어디쯤에서
도달하지 못한 나의 노래를 위해
바람도 구름도 되돌아오는 건가요
들릴 듯 들리지 못하는

기다림의 늪에서나마 떠도는
나의 노래
끝나지 않은 내 노래가.

가을이 오는 길목

멀리서 아주 멀리서
물안개 밀려오는 것처럼 가을이 오고 있어요
괜스레 마음 설레는
소녀의 마음처럼 그렇게
두렵기도 하고
떨리기도 하고
작고 작은 마음 하나 두어둘 곳 몰라 하는 그런
모습으로
천천히 아주 천천히
풀 이슬 비켜가며 다가오고 있어요

그 무더운 여름나절
어디론가 사라져갈 즈음 어느새
가을이 여린 옷깃 내밀 듯 수줍음 머금은 채
미어질 것 같은 마음 추스르려는 듯
차마 전하지 못한 사연이
지금도 내 곁을 떠돌고 있는 것처럼
얼마나 긴긴밤을 뒤적였던가요

아, 가을
그렇게 그렇게만 기다렸던 가을이
올 줄이야
불러보고 싶은 그대
그대의 이름 얼룩져간 여운으로 안기려오는 것이라면
또 한 번
그때처럼 서성이며 거닐던
홀로 서성이며 거닐던
말할 수 없는 외로움으로 빠져들어 가던 허전함을
어떻게 달래야 하나요

다가온다는 건
진정 말로 못다 할 가슴 벅찬 이야깃거리로 덮쳐오겠지요
맑고 깨끗한 이미지로 채색된
한 폭의 그림이겠죠
거기에 나의 사랑도 스며볼 수 있는
가을의
화원이 되겠죠.

지금까지 한 번도 못해본 사랑

지금껏 한 번도 해보지 못한 그런 사랑으로
내가 가진 모든 걸 말이에요
오, 그대를 사랑하오
환상만 같았던 그대여
왜냐하면
그대는 나의 모든 걸 송두리째 앗아간
날 걷잡을 수 없이 뒤흔들어 놓고
손끝 하나 움츠리지 못할 만큼의 영역을
순식간에 덮쳐간
혼란하리만큼 가눌 수 없는
그런 나를 만들어버린 걸
한순간 환상에서 벗어나질 못하게 해버린
눈빛과 온몸의 매료
나직하고 깊숙한 언어言語의 물결
비단결 같은 이미지의 세계로 빨려 들어가게 한
그런 환상 같은
모습이었으니까요

순수하고 고결한
아늑하고 영롱한 사랑
그런 사랑으로 나의 마음 사로잡고만 그대를
이젠 더 사랑하지 않을 수 없는 내가 되어버린 걸요
벗어날 수 없는 나의 사랑
이 세상 끝까지여야 하는
그대를 보낼 수 없는 내 사랑인걸요
그대,
환상이 아니었음을
아직도 깨어나질 못해하는 환상 같은
지금이지만
여기만큼에서
이대로, 이대로만 이면 되는 거랍니다
나의 모든 것을 몰아 다니는
사랑과 사랑의 틈과 틈으로만 몰래 이어져가는
눈물겨운 끝이 없는 사랑
영원한 사랑의 길이여
끝이 있을 수 없는 사랑의 길 위에 줄달음치는
그대는 나만의,
내 전부의,
사랑인 걸요.

거기쯤인 당신

날개 모으는 나비 한 마리처럼
그렇게
당신은 거기쯤에서
늘 곁을 맴도는구려
아름다운 음악이 있었고요
은빛 물결 같은 출렁임도
초록 싱그러움으로 내닫는 리듬도
굽혔다 펼쳐 보이는,
사뿐히 오르내리는,
곡선의 비틀거림 같은 유희적遊戲的인,
뻗었다 펼치며 다시 휘감는,
발레Ballet의 결Wave 같은 모습으로 손짓하는
거기쯤에서
당신은 있었구려

춤과 노래
가슴 출렁이는 멜로디의 떨림
몰래 스침으로 스침으로만 다가와 있는 듯 하다가 다시
저만치 멀어지며 끝 머릿결 아직

되돌아가지 못하는 거기쯤에서 멈춰선
사랑의 속살과 겉살이 뒹구는 몸짓의
당신이
거기쯤에서 언제나
날 오라 손짓하네요
아름답고 앳된 그런 모습의 당신이
리듬으로 감싸인 채.

사랑으로 저려지기 위해

함께
묻히고, 안겨지고, 껴안으려는 그 마음같이
오로지 낱개의 파 한줄기마다 에서도
옹골지게 자라왔던 생강도
유일한 향의 마늘 알뿌리들도 모두가
거기 그곳에 다 안겼다오
숱한 양념이 되려던
말과 행동
변덕과 새로움이며 끊임없이 이어져가던 그런
당연히 그러리라 던 수많은 생각들이
서로 토론하리라고
속과 겉을 감춘 채
오로지 한마디만의 진실의 말 위해서라도
기다리자
더 오래오래 기다리자

그렇게 농익어가는 그건
기다림의 지혜와
기다림의 시간과

기다림의 공간 같은 것이 아니었던가
저려지려는
진실의 모습
그 모습에서만이 뵐 수 있는 조용한 속삭임
그런 사랑의 탄생이고 발견의 드러남이 아니었던가
차디찬 긴긴 겨울의 언저리
그 언저리에서만이라고 견뎌낸
뜰 안 장독에서 익어가고 있는
내 손길 서려 가 다져 논
한 포기 김장김치의 싱그러운 맛이
온몸 파고든 사랑의 몸짓이었을 줄이야.

이미 소중한 사람이 된

누군가가 내게
고개 한 번만 끄덕여주는 것만으로도
내 소중한 미소微笑인 셈이 될 것입니다
언젠가 실패했을 때 다시 도전해 볼 수 있는
그런 용기
그런 소중한 누군가가 있어준다면
난 아마 위대한 용기를 발견해 낼 수 있을 것입니다

그래서
누군가가 내게 소중한 사람이란
나를 이끌어주는
그 모든 원천인 걸
소중한 사람이란
먼 여로의 횃불과도 같은
먼 항로의 등대와도 같은 빛이지요
두려움에서도, 나약함에서도,
용기를 낼 수 있는 그 어떤 마지막
생성生成 되어야 할 운명적 인생의 여로
망망대해에서 북극성 같은 좌표

그렇게 말없이 이르러져간
이미 소중한 내 사랑이며
이미 소중한 내 사람인 걸요.

초록Evergreen빛 당신

당신을 위하여
당신을 위한
나의 사랑이랍니다
풀잎에 맺혔던 이슬방울이
아래로 굴러가다 멈춘
그 상태로 멎고만 모습이랍니다
갓 돋아난
그 새싹에 매달린 이슬방울
반짝이는 모습인 당신
당신을 향한 조심스런 몸짓이랍니다

푸르고 푸른
그 푸른 빛 당신,
변하지 않는
변할 수 없는
늘 내안에 가둬 논 푸른 봄이랍니다
어느 듯 봄이 지나고 가을이 오고
또 겨울이 다가오겠지요
우리의 사랑도 그렇게 변해야 하는가요

지금,
서로 마주본 그 눈빛에선
뭘 말 하려 하는지를
수줍게 마주 잡은 따스한 두 손으론
얼마나 많은 생각을 조각해주려 했던 지를
난 다 알 것 같아요
영롱한 당신의 깊숙한 눈빛에서 오는
그리고 어느 듯 어려 있는 눈물이
왠지를…
저토로 천천히 푸른빛으로 찾아든 초록 손짓이
내 곁을 떠날 수 없음을 말 하려하는 듯
애타게 맴돌며
영원히 있어주기를
오래토록, 오래토록 말이에요
저렇게 계절이 바뀌고 세상 모두가 변해가도
우리의 사랑은 영원한
언제나 잊힐 수 없는 나의
나의 당신인 것을
어떻게 잊힐 수가 있을까요
어떻게 잊을 수 있을까요.

제2부

이미지

싱그러움 그 안에서

맑은
예리하고도 부드러운
날카롭고도 유연한 빛이 스쳐난 것 같은
눈빛과
손끝에서 날렵하게 반짝이는 휴대폰의 일면
그 뒤로 휘날리듯 휘감기는 듯한
긴 머릿결의 나래 끝 결이
가닥가닥 피어난다
모두가 연속 동작의
고성능 카메라에서 순간순간을 카트 해 가는
느낌으로
쏟아내는 싱그러움의 함축이다
반짝이는 이마와
매끈한 양쪽 뺨
오똑한 콧날이며
예쁜 입술 그리고
둥근 턱이며 새하얀 목덜미의 정교한 아우름인
갓 피어난 생화 그대로인

햇과일 같은
초가을 이미지인 걸까
그녀의 맑은 눈빛은
미소 스민 생각과 아름다움이 한껏 곁들인
아직 피어나지 못해본 봉오리처럼
터지기 직전
쉽게 다가설 수 없는 순결의
맵시 그대로인 것을,
서툴고도 두려운 상상적 이미지인 것을,
싱그럽고도 해맑은
모습 그 안에서만 인 것을.

* SAMSUNS Galaxy S7 Edge 블루코랄 광고이미지에서.

함께이면

사랑처럼 경쾌하다
A와 B의
결합이 아닌 함축
아니 함축보다 아우름이랄까
꿈과 현실에서 스민
그 스밈이
순간이었을 줄이야
마법의 순간이다

하늘은 온통 보랏빛
춤추며 노래할 때 피어나는
비루鄙陋한 현실을 달래듯 감싸 안고
펼쳤다 거두고
다시 펼쳤다 되감으며 스쳐간
깃과 깃의 다스림이
꽃과 나비처럼 서로는 뒤바뀌려하는구나
꽃은 나비로
나비는 꽃으로이기를 원하는 모습으론 부족해
더 뜨거운
하트 그대로의 모습으로

춤과 노래
배경과 주인공의 혼란스런 움직임이
잿빛 배경을 껴안고
반짝이는 별빛아래서 서로를 연계하며
다가왔다간 멀어지고
다가왔다간 멀어져간 거기쯤에서
멈춘,
환상의 곡예 같은,
부드러움 그리고
산뜻하면서도 우아한 위치의,
리듬적 화음으로 이끌려가 펼친 양팔과
사뿐히 뛰어오른 발끝
아슬아슬한 순간과 그 공간을 덮쳐간
함께인 하나
둘이 무참히 결렬된 완벽한 하나의 조화
그림 같은 도형의
함께인
모습이.

선율旋律과 그 애무

휘감는다
더 가까이는 못 오고 그저 그만큼에서만
다가오지 못하는
애타는 몸짓
쉼표와 마침표를 내밀며 몸부림친다
아름다운 멜로디의
빛과 모습과 움직임과 변화가
순간순간을 틈타며 리듬 되어
숨도 고르지 못할 만큼의 뜨거운 화음으로
덮쳐
내 온몸으로 감싼다
낮고 고요한,
높고 거센,
그렇게 몸부림치며 끊임없이 이어져가는
그 어떤
형용할 수 없는 복받침으로
모두가 몰려다니고선
떠돌던 음표 하나가 오선지 위에서
한 옥타브의 전체를 하모니Harmony시킨다
떠나지 못하는
애무의 눈물겨움을.

색과 면으로 남겨진 이미지

색과 면으로 선을 감금하려한다
고요를 담고 있는 그는
드러내려고만 하는 빛을 관용하지 못하고
격렬하게 표출하고 만다
입체다
곡선과 직선과 원의 서투름이
아직은 미완성의 작품으로
질서 없는 획이 된 채
아름다움에 다가가려
손짓한다

다시
색과 면으로 이기만을 원하는 고요
거기엔
어떤 말도, 글도, 색채도, 모습도 없는 공백이고
구겨지지 않은 한 순간의 집착이다
형용할 수 없는 모습의
그 아름다움이

빛으로 잠식되던 날
움직임으로
공간과 순간의 손짓으로
녹아
사라져갔다
기다리는 동안
너를
색과 면에서 애태우며 형용해 내려 한 그것이.

빛을 위한

분산分散이 아닌 모음이다
차분히 모으고
가다듬고
안아보고
끌어안는 그런 모습의
빛을 위한 나였으면
그래서
그 빛의 빛깔과 꿈틀거림과 현란한
분사噴射의 격돌을
아프지 않게 안으려만
그런 한줄기 빛의 가닥, 가닥에서
마디마디에서
숨을 내쉬고 들이쉬는
내가 되었으면

그래서 드디어는
한 송이 꽃을 혼연히 볼 수만 있다면.

차라리 음악이 시였으면

시와 음악,
음악과 시,
그 어느 말을 먼저 했어야 했던 지를
시는 음악을 시기하려 하면서도
음악을 멀리하지 못한 건
음악이 시를 그토록 동경하며 그랬던
시와 음악이 분리되면
만약 음악과 시가 서로 분리된다면
그 어느 것 하나에서도 온전한 하나가 될 수 없는
불구일 것 같기만 해
음악은 몸짓을 잃고
시는 공간을 탈피해내지 못할 것이다
음악이 몸짓을 원한다면 시의 운율을
벗어나진 못할 것이고
시는
그 순간을 영혼으로 이끌어내지 못하는 불구의 시로서만
남겨질 것이다
어떻게, 어떻게 순간을 영혼으로 이어져갈 수 있는
길을 놓치랴

차라리 어디든 떠날 준비가 되어있다면
언제든 사라질 준비가 된 것이라면 음악은
시를 흠모欽慕하며 그토록 갈망하진 않았을 것이다

이르지 못하는 시의 세계
거기에 음악이 손짓하려한다
인간의 소리가 들리고
인간의 소리가 대자연에 스며갈 때쯤이면 어느덧
그 소리는 시의 허상 같은 격렬한 몸짓으로
무참히 망가져 갈 것이다
소리에서 시로
시에서 소리로 뒤집혀진 그 몸짓 하나가 화음된
시의 여운이.

작은 뜰이고 싶어

어디선가 새소리가 들릴 것 같은
풀 섶 아우른 뜰
맑은 하늘 맞닿은 곳엔 흰 구름 한 조각
수줍은 듯 비켜가고
그 아랜
지나가는 바람나리에 작은 손 내밀며
예쁜 풀꽃들은 춤사위四圍다
햇살이 종알거리는 아침
가을이 짙어가는 들뜸에서
방황하리만큼 허전한 마음 가누지 못해하며
놓쳐버릴 것만 같은
사계의 그림들을 나열하듯 꾸며 논
여기는
김해시청 '옥상화원'
아니 어느 한적한 정원이다
아니지 정원이기보단
벌 나비가 한때 넘나들든,
속삭임이 깃든,
작은 연못에서 물결 찰랑거리고 있는,

아늑한 산골마을 어느 초가집
바람소리까지 숨죽이는 '뜰'이야

그렇고 싶어
그 작은
아름다운
나만의 뜰이고 싶어.

별들의 나래

펼친 나래의 리듬이
스치는 소리처럼 들린다
아름답다
화려하다
눈부시다
가슴 뭉클한 순간들이 한순간
영화의 화면처럼 나타나
빛으로, 소리로, 리듬으로 환생 되어
수많은 관객의 스포트라이트Spotlight 된 채
거닌다
부산 그리고 해운대의 패션Fashion이다
이상과
상상과
설렘이 아우른 빛의 출동이
격렬한 화음으로 몰린다
배우의 몸짓은
그 하나하나가 별들의 춤이다
반짝이는

인간의 모든 희로애락 분열分列들이
극과 극에서 산만하는 것처럼
실체는
바로 모습에서 나타나고
모습에서 사라져가는 한 순간
하늘과 땅의 굉음 같은 포획인 채
기쁨과 슬픔들의 드러냄이
한 화면의 펼침에서 직시한다
오, 아름답구나!
화려한 배경,
순결한 모습,
진실된 연출의 이어짐이 화음和音 된
인간 본연의 하모니가 아니더냐
배우의 작렬과
관객의 희열과
배경의 이미지가 그렇게.

맵시

공간에선 넘쳐나고
스침에선 망가져간
한 점과 선의 리듬이
부드러움과 딱딱함으로 수없이 달래며
함몰되기까진
또 다른 군락을 이끌어내며
구비치고 휘어지고
압박과 축소로 선율을 풀어낸다
남녀의 극한 조화
거기엔
그 어떤 관습의 움직임도, 모습도, 느낌도
빛깔마저도 근접할 수 없는 화음이다
서로의 간격을 더하고 줄여야하는 지점에서
순간으로 이르러간
소리 없는 소리의 강렬한 몸짓이

아름다움이 감돌고
간결한 리듬에서 저미어간
마주함과 비켜감이

이토록 그 선 끝에선 회오리처럼 피어나는
미美의 불같은 몸부림이었던 것을
일치하는 점에서
뻗어내고 휘어잡는 그 곡선의 나열은
차마 숨소리조차도 다가설 수 없었던
애절한 몸짓의
우아함이었던 것을.

소녀야

네 모습이
나비처럼 날개 짓하는
피어나는 꽃잎 결처럼 아름답구나
아름답다고 말하기엔 차마 모자라는
순결하고,
앳된,
아직은 눈을 마주하길 부끄러워하는,
맑고 깨끗한 모습이
금세 시들 것만 같아 더 바라볼 수 없는
함부로 훔쳐볼 수 없는
여리고 부드러운 모습이구나

맑은 눈동자
반짝이는 동공
갸름한 콧날이며 예쁜 입술
가려진 이마의 아슬아슬함이며
긴 머릿결이 목덜미를 휘감고
그 끝은
양 어깨를 스쳐 넘어와 앞가슴까지

펼쳐져 회오리치듯 휘감기려 하는구나
소녀의
아름다운 상상은
보이는 그 모든 것에서부터
느끼는 그 모든 입체와 시시각각 변해가는 것에 대한
펼쳐낸
다소곳한 눈빛에서 말하려 하는구나
'너를
사랑한다고'.

그저 아름다움에서

맑고
부드러운 빛
그 빛과 선의 리듬
리듬의 결絜 출렁임과, 뒤흔들림과, 충격,
그리고 멈춤까지도
곡선에서 곡선으로 이끌려가
모두가 타원이 된 것 같은 모습으로
예리한 눈과 오뚝한 콧날과 예쁜 입술
그 아래 새하얀 이빨이며
그 이빨에 밀려든 세끼 손가락의 부끄러운 접촉이
반짝이는 눈빛 아우른 순결한
네 모습이여

그윽한 눈빛에
기다림이 밀려들고
비단결 같이 내려뜨린 긴 머릿결은
반짝이는 이마를 비켜가
양 볼을 감싸려하다 목덜미를 스쳐
가지런히 펼쳐져선 뒷 어깨 쪽 아래에서
거칠게 휘감으려 밀려들며
찰랑된다.

머리 위에 별이 반짝이고 있기에

발을 내려다보지 말고 위에 떠 있는
별을 올려다보세요
다리 없이 춤을 추려 하는
팔이 없이 활을 쏘려 하는 이는
얼마나 간절했으면 그랬을까요
여기, 우아하고
나비같이 사뿐히 날아오르는 발레의 그 곁엔
공장 조립공 기계처럼 생긴 다관절 로봇이
파트너였다
남미 삼바음악에 맞춰
두 파트너는 동선同線을 그려가며
다가왔다 멀어지다
붙었다 떨어지기를 수없이 하고 있는
로봇의 그 다른 파트너 또한 발목이 강철이었으며
무릎 까지 마네킹의족을 한 그녀
파트너의 팔을 붙들고 공중으로 솟구쳐 곡예 하듯
로봇과 함께 펼쳐낸 춤사위는
인간세상의 몽환 같은 아름다움이었으며
가히 관중의 눈을 사로잡고 말았네

처음 음악이 흐르고
바닥에서 웅크린 채 일 때
뒤에서 여인의 허리를 껴안아 일으켜 세웠다
그리고 둘은 천천히 스텝을 밟으며 펼친
아, 여인의 발목이 환상적인 것에 놀란 객석에선
탄성을 지르며 누가 먼저랄 것 없이 모두 일어섰고
그 순간
숨이 멎을 듯이 함성마저도 일시에 멈췄다
감동과 희열,
경이롭고 환상적인 춤사위,
리듬도 굳어갔고
선율마저도 녹아져 마비된
그 긴 여운이 드리운 날카로운 파동
고요의 침묵이 빚어낸
로봇과 하반신이 마네킹인 여인과의
현란絢爛한 춤
머리 위에 별이 반짝이고 있는
삼바의 춤이여.

도자기의 꿈

너무 예쁘다
오묘하며
곡선으로만 아우른,
빛으로만 장식된,
느낌으로만 스며간 작고 예쁜 네 모습은
한 송이의 생화다

아직 못다 피어난 부끄러움에서
너를 마주함이
두렵기도 하고 설레기도 해
반짝이는 빛이 보석처럼 장식된 면면
학이 날아들 것만 같아
선과 선이 강렬하게 전율되어가
이슬방울 같이 방금 굴러 내려 뒹굴 것만 같아
안온하고
작은 펼침으로도 거대한 대지를 휘하에 둔 채
끝과 끝에서 품어낸 기풍은
마냥 다소곳해진
앳된 사랑이어라

꽃과 나비 같은 춤사위,
은은하고 청초한,
순결하고도 간결한,
리듬의 결 따라 품어 낸 현란한 빛이여
떨리듯 다가오는 빛에서
멈출 수 없는 매료에 그만 황홀해 하는구나
오! 아름다운
거역할 수 없는 아름드리의 송이 송이야
굴절과, 곡선과, 윤곽과, 입체
그 또렷한 선의 희열에 함몰되고 싶어 했던
우아한
네 모습이여.

맑고 순결한

연한 빛의 반사와
그 빛의 아우름
파란하늘 원색과
바다 펼침이
움직임에서 놀라
수많은 점과 선으로 이어져가선
수평으로 혼연히 나열된 채
더 버틸 수 없는
솟구침처럼 몰려와 안아본 대지의 숨결은
그토록 청순하고 티 하나 머물지 못하였구나
그렇게 깃든 맑고 순결
그 하나
그런 네 모습이고요

멀리
안개 접혀져간 은빛 노을
조금은 붉어져가는
멀리일수록 더 짙어져 가는 바다 위 물빛이
구름 뭉치인 듯 조금은 드러낸 그 위로

흰색 배일이 드리웠고
배경을 질타叱咤한 종과 횡에서 덮친 영상하나
사뿐히 딛고 선 소녀의 상
눈빛과 머릿결 흩날리는 듯한 순간이
그만 사방을 모두 포유하고 말았네
아름다운 맑음과
아름다운 순결의 이미지로 돼 반사되면서.

산뜻한 속도

거리를 점占할 수 없는
속도의 난립
속도의 단어는 너무 거칠어
부드러움으로
환산하련다
'Q M 6' 신형 승용차의 모델이라오
예지銳智의 엔진과
화음의 윤곽
곡선의 리듬과
속도의 민감함이 아우른 그런 부드러움
고요의 조각을 더 분진粉塵해낸
위치位置에 사무치려
아늑함으로 에워싸인
속삭임 같은 리듬인 것을
속도가 녹아나고만
느낌마저 놓치고 만
한결 부드러움이.

아늑한 파문

점선 같이
산과 바다의 경계가 있는 듯 없는 듯
희미한 안개에서
적막함이 더 움직이지 못하고 멈췄다
침묵 깊숙이 파고든 아늑함과
넘실대는 수평선
그 찰랑거림에서
잔물결 쳐가고
멀리선 등대 모습 하나 아른거린다
작은 어선 같은
잠길 듯 떠 있는 배 두어 척이 머물러 있고
넓고 광활한 바다 표면은
숨 가쁘도록 펼쳐낸
평온이다
뻗어가는 거대한 리듬
벗어날 수 없는 파문이
멈추기 직전
소용돌이치는 회오리로 밀려와 나를 감싼다
아늑한 품 깊숙이 스며들며.

'설렘'이랍니다

무엇을 보았을까요
어떻게 보였을까요
무슨 생각을
무슨 생각에서 마구 흔들리나요
멈출 수 없는
떨림만큼의 설렘이

그 이름의 주인공이
행여 나에게였을까요
조각구름이었을까요
산들바람에 날려다니는 향기였을까요
모두가
인형 같은 모습인
인형과 뒹굴고 있는 음악 배경인
말할 수 없는 그 무엇에서 기뻐하는
한 송이 꽃인 채
더불어
춤추고 노래하고 싶은
초고속 동영상이 잘려져 나가는 것 같이

너무나 가지런한 모습
느낌에서도
변화에서도 감당해내지 못하는
그대로의 모습인
네 이름은
'설렘'이랍니다
아직은 이름도 미완성인
반짝이는 눈망울과
앳된 모습의
곡선
내 이름은 그냥
'설렘'이랍니다.

그림으로

공간과 여백의 즈음에서
마음은 수繡를 놓으려 한다
생각과 말과 행동에 대한
부질없는 것들의
낙서 같은
그 모든
집념과 소유의 유혹이
나를 들추려 한다
끌면 끌려가는 마음
거기에 뒤늦은 방향을
지나간 시간에 대한 회한과
돌이킬 수 없는 자존심에서
내 이름 앞에 얼룩졌던
흑과 백의 논리였던 것이다

새하얀 화선지
그 위에 떨어지는 먹물은 자유롭다
생각하는
내 안에 모든 것들을

내 모습대로 그려내는 것이다
슬픈 일이다
바로, 눈앞에
수려秀麗한 산천이 있고
가슴을 휘감는 선율이 다가오고
눈부신 빛의 색상이 너울거리는
직선과 곡선의 틈에서 춤추는 대자연
아름다움이 있다는 걸
알지 못했던 것이다

일필휘지一筆揮之
처음과 끝은
화가의 스케치 중
아직은 미완성 작품인 한낱 허상 같은 것
변해가고 있는 순간을 가로지르지 마라
서툰 정점定點은
미완성을 혼란케 할 뿐
한 폭의 완성된 그림은
멈춤이고, 결정이며, 가치의 현란한 곁들임인 것을

선과 선에서 안타까워하는 획이
정물화일 수도
수채화일 수도
아직 못다 그린 미완성의 작품으로 떠도는
부끄러움일 수도 있는 것을
나의 그림은
미완성,
그러나 나는 그림으로 나를 표현해내고 싶은
끊임없이 되 솟아나는 언어의 시화에선
너를 벗어나질 못할 것이다
아직도 너를
아직도 너를 기억하고 있기에.

삼바Samba의 물결

더 행복해지려고
더 즐거워지려고 하는 경쟁
좀 더 다정하고 좀 더 기뻐하는 모습의 경쟁이라면
어떻게 거절하랴
어떻게 거절하랴
음악은 흥미롭고
그 리듬은 감미롭다
함께 춤추자고 손 건네줬을 때 그대는
선뜻 나설 수 있는 용기 있던가
어떻게 그대를 이해하며
어떻게 그대의 마음을
그대의 이미지를
그대의 독특한 성품을, 습관을, 오랜 일상의 리듬을
읽어낼 수 있고
접근해 나갈 수 있는 자유로운 춤
경쾌하고 충만한 춤을
유희의 세계로 이끌어내어
아름다움의 세계로 던져지게 할 수 있을까

정열의 나라
남미 브라질,
아무도 그들을 그렇게 춤추자 말하지 않았다
어느 누구도 그런 춤을 추기 위해 애쓰지 않았다
다만, 흥겨운 그대로의 몸짓이었을 뿐이다
그런데 어느 날
사람들은 그 춤에 '삼바Samba'라 이름 지어주었으며
입에서 입으로 전해지면서
브라질의 정열을 불태웠다

리우올림픽,
그들은
삼바 춤으로 용기를 일깨웠고
삼바 춤으로 리오를 불타오르게 했다
올림픽 경기장이 순식간에 범람 되고
전 세계로 활화산같이 분출噴出되어 나갔으며
전 세계인에게
삼바 춤은 뜨겁게 불 지폈다, 그리곤
함께

춤췄다
정열의 나라 브라질의 열정을
한 몸에 받으며 뜨겁게 불태웠다
"Be Brasil!"
그렇게 "브라질이 되자!"고 올림픽경기장
개막과 폐막을
설렘과 아쉬움으로
장식했던 것이다
바로, 지금,
내 몸 앞으로 다가와 부딪치고 있는 것 같은 그런
삼바의 춤으로.

리듬체조

우아하다
움직임 하나하나가 리듬이다
스침은 꽃잎 언저리에서 만이었고
멈춤과 이어짐은 느낌으로
그 느낌은
손끝 결의 이어짐에서부터였으며
결의 끝으로 이어져 나간
그런 곡선의 아름다움이었다
둥글고 앳된 모습,
출렁이는 물결의 파문처럼
공간을 휘어잡고
순간을 덮쳤다
거리와 거리에서 조여 온은 격렬했고
흩어짐과 이어짐은
하나이기 위한
봉오리의 필사적 펼침이었다

눈빛에서부터
발끝과 손끝으로 떨리듯 다가갔고

곡선과 곡선의 난타에 얼룩진
한 송이 생화
갓 이슬 머금은 꽃잎 그 끝의 찬란함이다
한 송이의 꽃으로 피어난
한 옥타브의 화음에 안겨 펼쳐난
그렇게
생화는 초록빛 배경에서
마지막 곡선의 종결을 포효하듯
선언했다

리듬이다
리듬의 온기로
리듬의 마디로 터질 듯 아린 분분한 날림이여!
경기장의 운율 위해
춤췄던
아름다움이여

* 2016.8. 리우올림픽 경기장에서 본 예쁜 '손 연재' 리듬체조에서.

무슨 생각을

연인
사랑
아님 우정을
그보다 더 아름다운 건 뭘까
내가 지금
뭘 가지고 있지
애인 같은 모습으로 내게 밀착된
바로 이것이지

여기에
나의 모든 걸 쏟아 넣고 싶어
전하지 못한, 못다 전한,
아직도 서툴지만 내 말과 글을
소리로, 문자로, 영상으로
내 정성 듬뿍 스며든
그런 내 체온까지 닿아있는
애타는 사연의 메시지를
신한의 공감으로 신한의 영감靈感으로
전파로, 육성으로, 움직임으로 마구 전할 거야

내가 지금
뭘 말하려 하는지
내 눈빛을… 내 눈빛을…
아직도 촉촉한 내 눈빛을 한번 마주쳐보렴
아마
내가 무슨 생각을 하고 있는지를
알 수 있을 거예요.

* 2016.8.18. 조선일보 A28면 신한금융그룹 전면광고에서.

아! 대한민국

얼마나 설렜던가
남미의 나라 리우, 올림픽경기
지구상에서 유일한
작고 오밀조밀한 한반도 대한민국이
대한민국의 나라가
그 먼 남미 대륙 리우 올림픽 경기장에서
펼쳤다

우리는 부둥켜안고 뛰었다
승리의 깃발 휘감고
금메달, 은메달, 동메달에서 부둥켜안고 눈물을 흘렸다
얼마나 소망했던
국기의 모습이던가
지도에서도 선뜻 보이질 않는
한반도 대한민국
아름다운 삼면의 바다로 둘러싸인
젊고 발랄한 젊은이들이
세계로 향해 꿈 키워나가는
무역과 문화, 예술과 기능의 자부심으로

뻗어 나가는 대한민국의 표상
펄럭이는 국기가
남미의 대륙 하늘을 춤췄다
깃발의 끝에서 끝까지 뻗쳐나간 힘찬 펼침
펄럭이는 소리는
강한 압력으로 펼쳐
세계를 호통하듯 진동한다
아, 대한민국
출렁이는 깃발
부르짖는 함성이여

둥글게 예쁜 걸

갓 피어난
갓 성숙된 모습,
아직은 예쁘다고 말할 줄 모르는 듯한
순결한 모습이 더 다가선
맑고 청순한
눈빛과
눈결 그리고 예쁜 콧날이며
수줍어하는 듯한 미소 띤 입술과
새 하얗게 드러난 이빨의 송골그림
길게 늘어뜨려진 머릿결이 온몸을 휘감으려는 듯이
웨이브로 스며가 깊숙이
아래쪽으로까지
휘감겨가네

반짝이는 눈빛이
방금 뭘 말하려다가 멈춘 듯이였고
그 미소에 젖어 든
앳된 얼굴에선
소음騷音을 몰아낸 원음原音으로 하모니 되어가

사방을 섭렵涉獵 하려 하는구나
마주친 눈빛에선
티만큼의 수정이 있을 수 없는
순결한 사랑의 선물꾸러미 같은 속삭임이
귓전을
감돌고 말았네

오, 아름다운
선율과 선상에서 피어난
끝없이 이어져 나간
곡선이여.

* 롯데백화점 광고모델 '박 신혜'의 모습에서.

펜싱 에페 역전드라마

모두가 포기한 그 순간
지금 급해,
침착하게,
수비부터 신경 써,
할 수 있어,
격렬하다!
방어가 공격인 것이다
공격은 그 다음이다 굳이 순서라고 말 한다면
공격을 막고 찌르는 것이다
이것이 기본인
난타전 같은
펜싱 에페여

실로 드라마다
가장 극적인, 그도 역전 드라마인
휘어지는 칼은
허공을 질타하고
직선을 곡선으로 이끌어내는 속도전이다
스치는 바람소리도 잘려져 나간다

수많은 공격과 공격의 수련
자신과의 싸움뿐인 것이다
그는 땀을 흘렸다
불 꺼진 체육관에서 홀로 투혼하며
부족함에 대한 끊임없는 채찍으로
고통과, 부상과, 처절한 아픔이 그를
절망에서 희망으로 이끌어낸 결과였고
올림픽을 움켜쥔 금의 왕자로 변신했다
겨우 21세, '박 상영'
포기하지 않는 집념이었고
서두르지 않고 탑을 쌓아온 초석의
영롱한 지혜
그런 아름다운 생화의 피어남이다
더 짙고 더 향기로운
역전의 승勝으로
기적 같은.

* 2016.8. 리우올림픽 경기장에서.

여백의 미

거기
미처 못 한 곳엔
그냥 상상의 도달을 그려보렴
그건
바위여도 좋고
수려한 소나무의 우아함이어도
계곡의 물줄기나 절벽의 골짜기여도 좋아
그렇게
공간엔 상상의 날개로 질주하고
더 신비롭고 질감 나는 여백의 차림이라면
더 값진 공간일 수도
스스로 생각이 미치는
그 모든 영역에서의 창출
한 폭의 그림 같은
한 옥타브의 리듬 같은
살아 숨 쉬는 듯한 입체적 조각彫刻이 머물 수 있는
바로 그런 공간일 수도 있는
상상은 그토록 황홀한 이끌림인 건가

나머지의 공간
아직은 못다 채운
선과, 면과, 빛깔의 탄생이
두렵도록 설렌다
탄생의 순간엔
우주가 출렁인다
밀착과 결합과 어우름의 자리
생명이 뛰는 맥이다
얼마나 말 하고 싶었던 그 말 대신 남겨둔
그대로 건네질
나직한 속삭임인 것이
그런 아름다운 여백인 것이.

획득이기 위해

나선다
간결한 몸차림과 메모지
날카로운 손끝에서 벗어나질 못한다
메모해야 하기 때문이다
기획한 것엔
시간이 감옥이다
선뜻 저질러보지만 예사롭지 않다
거대한 변화의 추진이기 때문이다
그러나
명랑해야 한다
리듬적 시간과
충동적 반응
이르지 못할 설렘과 희열
그리고 반가움이다
적어도 타협의 선상에선

몸맵신
그 처리 과정에서 지혜로운 예시안건
아름다움의 표출인 것이다

마디와 마디의 충돌에서 빚어질 충격은
적어도 완충적 매너Manners여야 하는 것을
지극히 사무적이고
각도의 방향으로 꺾어내야 하는
추진,
그 이전엔
더 이상의 예외는 없다
바로 부드러움 만일뿐이다
때론 예리한 듯 녹아나는 부드러움으로
때론 길고 날카로운 그런 유연한 손결마다에서
직선인 듯 곡선인 듯한
혼란스런 마지막 선상에서의 휘두름으로
한 가닥 여린 손결의
나직한 속삭임처럼
바로 그런 대화의 마주함일 것이다
획득이기 위해
오직 획득만을 위해.

어느 노 화백의 절규

모두가 다 불타버렸다
남은 건 서까래 몇 개며 휘어진 철 구조물
그 아래론
모두가 잿더미로 쌓여 아직도 불타는 냄새가 난다
모두 다
이미 가지고 간 빈손
언젠가는 그럴 것이리라고 가끔은 생각했었지만
혼란스럽다
이것도
대자연의 아름다운 조화인가
그 기슭, 맵시, 빛깔, 겉과 속의 내밀한 감각
그리고 여운까지도 드러낸
그런 생과 사의 투명하고도 화려한
한 공간에서의 완성된
순수 작품인 것인가
내가
그토록 그리고 싶었던 그런, 어떤,
작고도 오묘하며
입체적

살아있는 그런 작품인 것 같은
잿더미를 걷어내면서
낙관落款을 발견했다
작품의 마지막을 장식하는 내 혼의 서명인인 것이다
사물은
모두가 그림이고, 빛깔이며, 향기이고, 모습이다
눈부신
그리고 영롱한 순간을 장식해내는
가장 순리롭고 정결하며 온화한 배열에서의 그 위치에서
머문 그들 모두는
누구도 간섭할 수 없는
도용할 수도 없는 자태인
나의
소중한 화폭으로 담아내려는 몸짓이며 강렬한 메시지
로 와 닿는
그 어느 것 하나라도 놓칠 수 없는 대상인 것이다

다시
처음처럼 그림을 그릴 것이다

나를 젊음으로 다시 일깨우려는 신의 두려운 명명明命
일 것이며
감사하고 눈물겹다
너를 다시 볼 수 있는 기회와 능력과 식지 않는 의욕을
가질 수 있다는 건
내가 아직 살아있음이다.

미의 창출

곡선과 곡선의 풋풋한 결이다
민감함에 있다
아름다움이 튀고 있다
아직도 마르지 못한 수채화다
아니 화면이다
비디오의 이미지 그대로다
움직임과
느낌과
사라지려는 여운 같은 스침
날카롭게 부드럽고
무딘 듯 예리한
곡선과 곡선이 부딪히는 전율戰慄로
격렬한 순간과의
거리와 거리
아직은 접촉할 수 없는 설렘이여

눈빛으로도 감당해내지 못할
느낌,
다가설 듯 멈춘

예리한 곡선의 범위,
그런 거리 그만큼에서만으로
신비롭도록 아름다운 입체의
윤곽,
그 언저리를 스쳐 가고 있는
강렬한 미의 창출이여
움직이고 변해가는
그림 같은 모습이여.

제3부

아름다운 대자연

새싹

생명의 움[Sprout]이다
풋풋하고
싱그럽고
향기로운
새 생명의 기지개 같은 모습으로 탄생 된
세상에서 제일 여리면서도
세상에서 제일 강한 모습의 태동
바로, 이 순간,
세상과 나와의 대결이 시작된다

초록빛 생명
틈을 비비대며 치솟은
어느 순간 터지고만 떡잎의 자태
그 뿌리는
저항과 부딪힘과 격돌의 몸부림에서 살아남은
흔적
영혼의 기세였을 것이다
밀어 올린 강한 줄기는
빛과 소리의 결박에서 벗어난

맥의 뛰는
거센 박동의 그 한순간을 노려본
우아함이였던 것을
대자연의 술수術數 같은
곡선과 직선의 결합에서 다스려 놓은
입체
그 영역의 조형이었으리라

둥글게 뻗어가다 멈춰진
흑과 백의 떨림 있어 퇴색된
새로운 빛
연초록 공간에서 나부끼는
앳된
몸짓이다
하늘과 땅 그 중간에 살며시 감싸인.

호수 안에 작은 섬

자욱한 안개
그 속에 있는 보일 듯 말 듯한
호수 안에 멎은 섬
짙은 안개에 휩싸여져 잠길 듯이 겨우 드러낸 채
숲으로만 싸여져
고요의 리듬타고선
머물렀네

숲은
그렇게 섬을 감쌌고
감싸진 채로 호수에서 떠돌 듯 찰랑거리는 물소릴
벗 삼아
어스름밤을 지나선
햇살가득 넘쳐오는 찬란한 아침을
반기려네
이제, 곧, 눈부신 햇살을 맞을 것이며
온통 보라 빛으로 타오르는
섬의 기슭마다에서 노래할 것이려네

희미한 밤이고
반짝이는 아침이며
찬란한 햇빛 쏟아 내리는 한낮엔
새소리 바람소리
낙엽 떨어져 뒹구는 바스락 거리는 소리와 더불어
춤추는 섬에서
예쁘고 작은 새들이 몰려와 더욱 감미로운 하모니 되어
주는
거대한 한 악단의 교향악 되어
섬 전체를 살아 숨 쉬게 할 것이려네

한밤중의 아늑함도
한낮의 눈부심도
섬 어디에서나 늘 찰랑거리는 물소리도
버텨선 땅을 뒤집고 그 붉은 황토 흙 고랑 따라
느리게 물들어가던 노-란 콩잎도
이 아침엔
모두가
짙은 안개에 휩싸여진 채

한 줄기 빛 이어져가는 그토록 갈망하던 기다림인
널 위한
나의
한 순간 아득한
그리움 어린 조명이었던 것을.

천년의 거목

어떤 시간으로도 비교될 수 없는 몸짓
그 드러남이었네
각질角質과 모서리의 망가짐
굽어지다 못해 비틀어진
그나마도 남아있는 겉껍질 놓치고만 속살의
흠집과 퇴색된 옹이의 웅크림이
눈물겹다
제 몸 가누려 버텨선
저 고목의 기세는
온몸으로 가지를 뻗어내려, 뻗어내려
사방으로 몸부림을 쳤을 것이다
잎과 줄기
줄기와 가지의 나열됨이
얼마나 많은 버팀목으로 순간, 순간을
가르고 선별하며 택했으랴
짙고 눈부신 빛
저토록 아름다운 단풍잎을 펼쳐낼 때마단
또 얼마나 많은
고뇌와 갈등과 휩쓸림에서 방황하고
방황하고 사투했으랴.

빈 뜰에서

홀로였을 그곳이 여기였더라면
만약에
거기가 여기라면
난 홀로가 아님을 말하고 싶다
왜냐하면
홀로인건 나일뿐
날 에워싼 그 모든 것아 날 위해
차려지고, 빛을 내며, 신비롭도록 아름다운 변화의
생성사멸로
끊임없이 출렁이며
내 눈과 귀를 마구 압박하고 있기에
그 숱한
빛깔과 향기와 소리들의 나부낌이
저토록 몸부림치듯 애타게
나를 유혹하고 있지 않는가
"이 아름다움에 함축해보라"고

고요였지만 넘쳐났고
미처 보지 못한 모습들의 휘날림이 모두가 하나 된 채

짙어가는 가을
석양빛이 쏟아 내리는 저 기슭에서의
작은 뜰이
정적 멎은 공간으로 오롯이 내게 안겨져 온
빈 뜰이
나만의 공간이 되었을 줄이야.

모든 순간이 꽃봉오리였던 것을

굳이
의식하지 않아도 좋을 것이다
거리와 폭과 부피며 넓이까지도
그렇듯
자기의식의 덫에 빠져
비교하고 분석하고 계산해야하는 헛것이
유일한 자기만의 범주에서
사방을 점쳐보며 노래하고 있지 않는가
그렇지
그래도 그런 것이
한 세상에서 한 세상으로 옹알이해보는 아름다움
한 순간으로
나와 그 모든 대상들과의
부딪는 것으로 피어나는
공감과, 열정과, 사무침과, 그리움 따위의
선율로 파문되고, 스미고, 융합되고, 안겨져 버린
사랑인 걸
그 하나하나는 예전엔 미처 몰랐던 지금의
'꽃을 위한 봉오리'였으랴

그러기에 와 닿는
느낌과 울부짖음이 복받쳐져
못다 불러본 그녀의 이름아래서 터트리려는
그런 그 모든
순간의 꽃봉오리이었으랴.

한 송이 꽃

배경은
하늘과 땅뿐이다
이따금 바람이 스치며 흔들어 보인다
햇살이 쓰다듬고 가면서
바스락 거리듯 결을 누벼가
파동 치듯 빛의 물결을 몰아붙인다
황홀하다
저 산 능선과 능선아래의 거기쯤에서부턴
계곡을 타고 내려와
산자락까지 펼쳐 논 한 폭 거대한
한 송이 꽃인 양 너울거린다
산자락의 꽃대와
산봉우리의 꽃잎
계곡의 꽃 결이 된
온 산 물든 단풍이
늦가을 햇살에 접힐 듯 펼쳐지며
그 전체는
활짝 핀
거대한 한 송이 꽃인 걸.

황홀한 빛, 석양

강과 바다가 만나는 그 즈음
마지막 이별의 정점이 이유였던가
그 빛은
물들어 잦아버린 노을의 슬픈
황홀한 광채가
강과 바다
나들이 온 갈대의 그 숱한 무리들까지도
노을빛 떨림에서
온통 뒤흔들리고 있구나
광활하고 넘치는 짙은 빛에서
질식해버린 채

서걱거리는 갈대의 움집이
바람에 이리저리 마구 꿈틀거린다
빛과 바람의 질투에 당황하는
붉은 석양빛에 뒤집힌
군락의 갈대는 혼란스럽다
마구 넘실대는 갈대의 잎과 줄기가
사방으로 미어지듯 기웃거리고

시인의 가슴 벽을 내리치는
순간순간 치닫고 타격되는 아픔까지도
돌출해낸다
온통 붉어가는
더욱 짙어가는 검붉은 빛 석양
하늘과 바다가 맞닿은 경계에서
검은 산줄기가
한사코 달랜다
거기, 그대로 멈추라고.

천연天然의 빛

거기, 바람 스칠세라
빛이 옹알이한다
연한 초록빛에서 짙은 갈색으로 멀어져간
원색의 타격이다
흐려지지 않으려 그랬던
계절의 변덕마저도 토라지던 어느 날
다소곳이
제 빛 드러내려 마주한
나직한 속삭임이 드리워
물빛과 산 빛을 하모니Harmony 해내고
제각각 음표에서
오선지 위를 누비며 출렁인다
화음이다
완벽한 화음이다
바람소리였고 물소리였으며
햇살 가르는 한줄기 빛
변할 수 없는 초록의 빛 그대로다

깊고 얕은 숨결처럼
춤추듯
나직한 선이 다가왔고
호수가 머문 그 누리엔
아직도
멀어지지 못한 여운餘韻이 애태우며
짙고 또렷한 윤곽으로 내 온몸을 유혹한다
겹쳐보라고
원 없이
풋풋한 살결에
연초록의 나열과
짙푸른 포옹과
뜨겁게 불탄 낙엽의 아픔을
쓸어안아 보라고.

야생 국화

한 줄기
길게 늘어뜨린 그 끝으로 겨우 매달린
여린 듯 강인한 생명이
바위틈으로 깊숙이 뿌리내리고선
비켜나와 치밀었네
바람 밀고 다니는 대로 밀려갔지만 이어진 채였고
작은 잎 곁들여가며
더불어 엉켜 간신히 피어난 꽃이
거친 바람과
매서운 추위
흰서리 덮쳤지만 아직은 살아있구나

그 억샌
작지만 거칠게도 강인한
꽃잎 하나하나마다
짙은 빛과, 향기와, 우아하게 펼쳐낸 꽃
생명의 박동 그대로의 모습이다
터질 듯이 꿈틀대며 휘어진 채
실가지 끝에 간신히 매달려 펼쳐낸

야생의 정기精氣
끊일 듯 끊일 듯한 처절한 명맥命脈이여!
서럽지 않게 이어져나간 꽃이여!
저토록 영롱하고 아름다운 야생
오, 눈부시게 피어난 꽃이여!

아침, 가을햇살

아직, 다가오지 못한
소리보담 먼저 다가오고 있는 햇살
틈과 틈으로 비켜와 선
되돌아가다 다시 반사되어온 빛
찬란한 아침 가을햇살이다

눈부신 아침
온통 그 빛으로 뒤덮인 짙은 색깔의 하모니며
곁들인 새소리가
더욱 아름다운 화음 되어 물결치고
살아 움직이는 아침을 격동시키듯 사방은 모두
황홀한,
아름답고 영롱한,
한줄기 빛의 명명明命으로 몰아쳐진
그 한 순간 멈추고만 동영상의 절규다
아름답다!
이토록 아름답고 눈부신 가을아침의 짙은 빛이
찢기고 망가져가는 순간에서도
온 몸 다해 펼쳐낸 빛의 운율이여.

가을 이야기

그래
내가 널 잊을 수 없다는 건
늘 내 곁에 둔 당신의
그 모습과 음성 그리고 뒷모습까지도
언제나 날 휘감았던,
그래서
내가 이토록 맴돌고 있는 거기쯤에서만
더 다가갈 수 없었던 것을
그 거리만큼에서 불러본 당신의 이름
그렇게 불러본 나의 목소리는
언제나 되돌아온 메아리였지

저 흩날리는 낙엽의
위쪽과 아래쪽을 애모하며
벗어나지 못하는 거기쯤에서만
마음 뛰놀고
바람 스치고 안개비 다가오던 어느 날
그때처럼
또다시 다가온 가을

머뭇거린 빈 벤치 위엔
내 하나만인 허공과
내 하나만인 허전함 그리고 그대 없는 나만의
외로움
아직도 내 곁을 벗어나지 못해하는,
눈길 가는 곳마다 허상 같은 당신 모습 서성거리는,
저토록 떠밀리며 뒹굴고 있는,
무수한 낙엽뿐인 것들에 대해서인 걸요.

어스름 가을

노을빛 짙어가는 들녘
흩날리던 낙엽이 뒹굴고 있었습니다
나무에서 떨어져 내려앉은 그곳은
빈 벤치 위
아무도 와주지 않는 호젓한 길목
비탈져있는 그런 외진 길목이었습니다

바람이 지나갔습니다
그도 거들떠보지도 않은 채 그냥 지나갔습니다
하지만
외로움은 머물러 있었고
아직 못다 진 노을빛도 더 정겹습니다
그저 빈 벤치 위엔
그렇게 낙엽은 쌓여갔고
기다림이 서성거렸으며
그리움이 이따금 내 가슴 깊이 파고든 채
한적하기만한 고요한 산장으로
가을 짙은 향이 깔려져가면서
낙엽과, 노을과, 어스름으로 깊숙이 산 계곡을 떠밀고선

아늑한 품에서
더 짙어가는 어스름의 품으로
가만히 몰려가고 있었습니다
마냥 그렇게 사무쳐선.

산장에서

흘러내리는 물소리에
내 몸도 덤으로 흘렀다
아니 바람소리는
그 물소릴 질투해
계곡을 누비다가 그만 토라져
산중턱에서 되돌아서고 말았나보다
거기
짙은 갈잎과 빽빽한 나뭇가지들이며
그 틈으로 숨바꼭질하는 산새들의 몸짓 더욱 돋보여
사방은 모두 숲에 짓눌려 있구나
능선에서 계곡을 이어가 다시 중턱으로 치닫고 있는
한줄기 바람
그 바람은 마구 몰려다니며
그림 같은 산장을 에워쌓네

맑은 하늘에서 쏟아 내리는 햇살,
아직은 덜 시원한 바람의 나부댐,
고요의 파문 가로막아 품어 껴안은
아우름에 그냥 포획捕獲되어버리고만 아름다운 산장,
그 기슭마다엔

홀로 예술의 혼魂 서린
조각과 그림이며 시화詩畵까지 하모니Harmony된
나직한 뒷산과의 속삭임이다
더러는 야생의 울음소리까지도 드리워져가며

저 나직한 앞산
그 앞 마주보는 툇마루엔
따스한 가을 햇살이 부끄럼 없이 밀려와 있고
쉼 없이 흘러내리는 계곡 물소린
낯선 산장의 옆을 휘돌아 흰 물거품 이루며
정겹게 찰랑거린다
산과 계곡,
계곡의 물소리와 흐드러진 야생화,
시기하듯 익어가는 붉은 감과 감을 노려보는 사과가
과수원에서
아슬아슬하게 매달려 자유롭게 뒹굴고 있다
오, 저토록 아름답고 황홀한 대자연의 작품이여!
숨 쉬는 산이여!
그 품에 포옹된 산장이여!

* 청도 비슬산 기슭 '비슬산장' 산방에서.

가을 빛

아직은 푸르다
그러나 일그러져가는 초록의 몸짓이다
아침이슬 머금고 있는 푸른 잔디 위
햇살이 반짝인다
맑고 밝은 빛
원색의 초록이
그 여름과 가을의 혼란스런 갈림길에서
머뭇거리고 있다
색의 출렁임과
빛의 간습에서 수줍은 듯
모습은 마냥 앳된 그대로의
반짝이는 눈빛이다
해맑고
순결한 빛
티 하나 없는 그대로의
바람 한 점 뛰어들지 못하는 그대로의
고요가 멈춘
다소곳이 머문
마냥 설레기만한 가을의 빛
오, 영롱한
하모니여.

가을 비

비가 내리고 있어요
빗방울이 바람 따라 허공으로 흔들리다
대지 위를 머뭇거리며
소리 없이 천천히
앞들에서 내리고 있어요
무성한 풀언덕이며
나뭇가지 사이를 누비며
그 누리에서
허전함과 고독한 빛의 물결 같이
바람 따라 왔다가
바람 따라 쓸쓸히 가고 있는 것 같이
비가 내리고 있어요

바스락거림 안고 종종걸음 해
뒹굴고, 나부끼고, 흩날리며 감돈
저 무수한 육감肉感의 소리들이
손짓하고 있어요
홀로 남겨진 마음 못 가누고서
배회하며

겉으로 겉으로만 떠돌 듯 그렇게
비가 내리고 있어요
가을비가
싸늘한 가을비가
이 가슴속으로까지 스며들어
다가와 내리고 있어요
소리 없이
소리 없이 자꾸만 밀려오며…

출렁이는 억새

하늘과 땅의 조화다
억새와 기암절벽
짙게 물든 단풍이
현란한 모습으로 나뒹굴고 있다
햇빛 머금은 억새
은빛 피어남에서 금빛 사라짐이 있는
동녘의 햇살과 석양의 미어짐이
마냥 출렁이고 있는 억새의 몸짓이다
억새의 저항이 부드러운 바람결에 밀려다니며
춤춘다
산 전체가
휘어지는 산등성이를 끌어안고 선
억새군락 광활한 펼침이여

카메라의 카메라 안
그렇게 빚은
그 화면을 포악한 몸짓으로 덮친다
놓칠 수 없는 아름다움 때문이다
때 묻지 않은

아직 마르지도 못한 향기의 가둠을 위해서다
산등성이는 말이 없다
뽐내지 않는 그대로의 모습이다
숨 가쁘게 몰려온 억새의 누리 앞에서 그만
무릎이 꿇렸다
떨리는 영감靈感에서.

정상에서의 절경

한눈에 들어온다
곡선
그리고 바다의 포진鋪陳
해안 길 따라 노을빛이 어려
산과 바다가
저토록 서로를 동경하며
불타는 빛으로 스민 짙은 사랑을
가슴 아리도록 서로는 열애하고 있는 걸까
사방으로 아우른 산야는 절정을 노리고
육지와 섬의 굴곡진 숨결은
거친 파도에 뒤 흔들이고 있다

떨리고 있는 그 건
서로의 몸을 밀고 밀리며 수없이 부딪혀 깨어져나간 채
해안선에서부터 먼 수평선의 찰랑거림까지에
마냥 설레어
아득히 밀려나는
해와 달이며 별까지를 벗하려 했던 거친 파도야
일몰에 지친 몸

해안 깊숙 그 어디쯤에서 머물
나그네의 산행이 아니던가
반짝이고,
출렁이고,
먼 수평선의 안개에 넋이 잠기고만 여기,
오. 절정이…
정상의 절정이…

꽃의 세계

꽃잎으로
당신의 마음 하나에다 덮어보세요
작은 비새 한 마리가 어느새
날아 들어와 있을 거예요
그간 비어있었던 허전함에다
이야기 거리를 쏟아놓으며 나누라고
또 그리고 잠시 뒤엔
벌과 나비가 서로 다투듯 다가와선
아직은 그 앳된 꽃잎의
빛과 향기에서 망가질까 놀라 멈칫
서로를 확인해보는 듯
타협의 손길로 내밀 것이고요
이미 꽃잎 하나로만
펼쳐 보인
거기엔
옹달샘이 있고
옹달샘에 구름이 떠있고
그 앞으로 내민 내 모습이 동그랗게 흔들리며
하늘의 천국 가득

숨 쉴 거예요
꽃잎의 결을 맴돌며 서성이는 꽃의 세계
그런 수많은 청운의 표절剽竊들이.

장엄한 숲

배경이라고 말하기엔
너무 서툴고
사진이라고 말하기엔
더더욱 부족한 말인 것 같아
그냥, 그대로만 두고 싶지만 불안해
스케치Sketch하련다
파란 하늘과 파란 바다라면
국어사전이 토라질 거야
그래, 푸른 바다인지 푸른 호수인지 그렇게
자리잡아두고
다음엔
눈 덮인 먼 산봉우리와 계곡의
푸르고 파란 색을 배열시켜
위와 아래를 멈추게 했으니
빚어진 기슭과 계곡
그리고 나열의 정돈됨이
한꺼번에 나라 가버릴 것만 같은
조화와 빛깔
기울어짐과 가지런함이 숨 가삐 빨려 들어가는구나

저 구름처럼 가만히 지나가다
경쾌한 듯
황홀한 듯한 신의 경지에서
내뿜는 절경의 아름다움에 온 몸이 마비되고
봉우리에 쌓인 눈결이 금방이라도 흩어져 버릴 것만 같아
사방으로 몰려와 노리는
산과 바다는
혼란스럽도록 덮치려하는구나.

춤추는 은빛 억새

그 끝으로
산기슭에서부터 능선으로 이어져간
은빛 억새의 춤사위
능선은
출렁이는 물결로 함께 덩실대며
밀리고 밀고 가는
가을 향기와, 설렘과, 풋풋한 풀잎
그 허더러 짐을 한 몸에 껴안고
청명한 가을하늘 아래서 마구 뒹군다
가을이다!
맑고 짙은 원색의 빛
막 스쳐가는 바람에 덤으로 밀려
나직한 억세 밭 봉우리는
소녀의 가슴처럼 부끄러운 듯이
내밀었다 숨겨지고
내밀었다 숨겨지는 곡선의 웨이브Wave에서
춤춘다

반짝여오는 햇살에 반사되어가는
은빛 억새의 펼침
내 몸은 어느새
억새로 뒤덮이고
억새의 줄기에서 휘감기고
억새의 잎이며 갓 피어난 꽃에서 함몰陷沒된 채
녹아져간다
아니, 거기에 파고들어 이미 깊숙이 접어든
그리고 함께 눕고 함께 쓰러지며
능선의 그 어느 일부가 되어
숨 쉰다
빛의 섶과
모습의 결에서 영근
한 폭 그림이 되어.

영글리는 9월

햇살 잔잔히 펼쳐낸
들녘
그 가운데에 반짝이는
풀꽃
오묘한 흔들림으로 길 변 그쯤에서
날 반긴다
청초한 이미지의 나래며
눈부신 빛 덮친 짓눌림이
온통 흔들리는 꽃과 나비 되어
종잡을 수 없는 마음 가두어두려
벌판 한가운데서 사방을 노린다

터질 듯 부푼
둥글다 못해 비뚤어진 채 매달린 열매의
조급한 기다림을 들추려
부풀고 부풀어가며 9월을
원 끗 품어낸
9월의
맵시여.

미끄러진 달빛

고요한 호수위에
달빛
놀라 미끄러졌다
고요의 파문을 파고든 달빛
거기에서 여기까지인 달빛의 수줍음이
숲과 그 그림자의 사이를 염탐해
물빛에서 저항하다 그만
잠겨버렸다

눈부신 달빛이 덮쳤다
황홀하고 놀랍다
푸른 달빛이
푸른빛을 통째로 흔들고 있다
달밤이다
숨 가쁘게 밀어닥친 달빛
그 달은 저만치에서 물끄러미 호수를 연모하며
넌지시 보고 있다
아무 일 없는 듯

고요와, 침묵과, 어둠에 휩싼
리듬
그 출렁임이 넘실거리는 호수 위
반짝이는 달빛으로
밤을 송두리째 안고
영혼과 육신의 그윽한 촉감에 감취酣醉된 채
사랑을
노래한다
달빛으로 흠뻑 젖은 호수에 뉘이어.

오, 달빛

검은 듯 흰 구름 사이로
숨어있는 듯이 가만히
둥글고 하얀 달이 드러날 듯이
엷은 구름송이와 구름송이 사이에 에워싸인 채
아슬아슬하게 비켜나간다
채 마르지도 않는 수채화처럼
맑고 선명한 모습의 구름조각
그 틈에서 반짝이는 달빛누리
벗어나려 벗어나려하지만 더 벗어나질 못하고
달은
내 눈빛과 마주치려하지만
안타깝게도 구름나리에 휩싸인 채
제 몸 못 가누는 듯이
그들 품에 싸여 수줍어만 하는구나.

달빛
오, 달빛
저 달빛이 드러내고 있다
내방 창문을 어느새 관통하고

거실을 건너뛰어
내 머리맡까지 닿아버렸다
달빛이다!
안방까지 미끄러져오듯
밝고, 휘황한
넘치는 미소와 뭔가 가만히 속삭이는 듯한
영롱한 반짝임이 내게 안겨졌다
고요의 시간
이토록 외로워 울어대던 귀뚜라미소리에 합류하고만
달빛소나타Sonata여!
더 멈추지 못하고 황급히 파고든 달빛이
거센 물결치듯 적막을 뒤흔들고
텅 빈 내 마음 속까지 파고들고 만
한줄기
거친
달빛이여!

고향 그 언덕길

풀잎 끝
이슬이 송골송골한 아침
햇살이 스며와 있는 작은 오솔길
풀숲 우거져있는 그 길로
옷깃 흠뻑 젖은 채
맑은 개천 물 흘러가는 모습에서
몸 따라 마음 따라간 언덕길
들녘의 햇살 듬뿍 받고 거닐며 꿈을 키워본
설레던 먼 미래의 내 모습
날 기다리는 그날을 그려보며 꿈을 키워가던
아련한 먼 옛날이여

작은 풀꽃들과 풀벌레소리며
실버들가지 끝으로 오가며 날개 퍼덕이고 있는
예쁜 방울새의 지저귀는 소리
찰랑 그리며 흘러내리는
끝없이 이어져가며 굽이치는
맑고 깨끗한 물소리여

물안개 깔려들며 앞을 가려가던
그때 그 모습
싱그러운 바람이 가로질러가고
풀숲과 풀숲사이를
나뭇가지와 나뭇가지 사이를
점점 사방으로 다가와 짙은 물안개의 품으로 쌓여갔던
나 홀로
들리는 것이라곤 잔물결 휘감는 잔잔한 물소리며
춤추듯 휩싸여져가는 안개누리
햇살 비집고 스며들려 하던 반짝임에서
그녀의 모습 같은, 나직한 음성의 은은한 부름으로
곱게 하모니 된
그 무성한 풀언덕 길엔
먼 산 에워싼 고요한 분지盆地의 가운데로 가로지른
눈부시게 찬란한 아침을 노래하려하는 듯한 천사의
목소리가
들릴 듯 들릴 듯 했었지

내 고향 뒤 개천
나직한 언덕길이여
물줄기 굽이치는 대로 생겨난 언덕길이
나 언제나 그 모습 선한
가고픈 내 고향
물안개 휘감던 그 언덕길이여.

제4부

내 안에서

고해성사告解聖事

순례巡禮의 길이다
여행 중 새 여행의 시작이고 미상未詳의 끝일 수도 있는
나만의 침묵 상태다
나와의 신앙
산 능선이고 계곡이며 때론 돌아가야 하는
나머지의 다른 선택일 수도 있다
동행의 고행苦行인 것이
오늘 하룬 무한한 감사에 드리워진 시간인 걸
간절하다고 말하기엔 너무 낯선
부족하고 서툰 표현인 것을
아름다운 고통을 이겨내야 하는 의지며
기쁨일 수 있는 것들이며
순례의 길은
참으로 경이롭고도 우아함이며
난해한 만큼 평화로운 길
은총의 길인 것을

고해하오니
나의 모든 건

진실을 위한 한걸음 더 다가섬이기 위함이며
되돌릴 수 없는 문턱에서 몸 낮추는
한없이 나약함이오니
지금이 늘 시작이라고 하는
다시 시작되는 시점이라고 여겨보렵니다
티 하나 스며들지 않는 공간에서
원색의 리본에 감싸져있는
그런 모습의 삶
참인간으로 살아있는 동안은
벗어남이 두려운
조용하고 겸허한 몸짓
하나하나 스스로를 탓해볼 줄 아는 그런 삶을
위한
한 사람이 되게 하옵소서.

진실과 거짓 사이

안개가 걷혀야 한다
그래, 걷히기를 기다리고 있다
아직은 늦지 않았다
안개는 걷힐 것이고
그때처럼 다시 햇살 쏟아 내리는 날
밝고 어둠이
희고 검음이 선명하게 되살아날 것이다
그래, 그때
우리는
다시 더 찬란한 빛으로부터 모양과 움직임 그리고
시시각각 변해가는
그 순간들의 순결한 여운까지를
명쾌히 이끌어낼 것이다
진실과 거짓사이에서 안개가 걷힌다면
진실과 거짓 둘 중 하난
가려진 베일Veil론 피할 수 없는
것일 게다

정치 여론도
민심과 군중 몰이 쏠림도
빛의 저항
그것 하나만으로 충분 가능한 것임을
아름답고 추함이 무엇이었는지
감정과 이성이 무엇이었는지를
기다리자
더 기다려보자
밀물과 썰물이 순리대로인 것처럼 우린
그 진실 앞에서 벗어날 수 없는 한갓 미물이 아니던가
결국 인간은 인공지능보다는 더 앞서갈 수밖에 없듯
기뻐하고 슬퍼할 줄 아는
배려하고 순응할 줄 아는
너를 위한 나였고 날 위해준 너였음을
더 예지銳智하리라 믿기에
진실과 거짓의 사이에 드리워진 안개는
기류氣類에서 밀려날 것이다
거대한 대자연의 순리인 것처럼.

12월의 기도

마지막 달력
달력처럼 나도 변해가나 봅니다
훨씬 더 초췌해진 몸
몸처럼 마음도 나약해가는지
여기저기 드러나 보이는 나잇살이며
더 많아진 흰 머릿결이랑
그래도
여기까지 온 무사한 나날이
감사하구려

그 앞에 내가 있었던
건너뛰지도 물러설 수도 없었던 한 치 앞
그래도 내 모두는 지금, 여기 와 있습니다
길 찾는 나그네의 안내판 같은 얼굴에서
내 모습이 고스란히 그려져 갔고
내 앞에 다가선 무게에서
피할 수 없는 마지막 한 달은 숨이 찹니다

추종追從하는 신이시어
다시 한 번 뒤돌아보시어
달과 해가 몸 바꿔가며 거닐던,
계절 따라 저토록 희열하던,
빛과, 소리와, 변화의 아름다움으로
유혹하던,
그 기류며 뭇 중생들의 바스락거림 들에서
멈춤을 일깨워주소서
그리곤
만남의 다음인 이별을
알게 하소서
떠도는 몸
이제
12월에서 또 한 해의 결별을
모든 건 다 놓고 가야하는 결별 다음의 무상無常한 사멸을
스스로 알게 하소서.

나는 믿습니다

진실이라는 그 말을
진실인 그 사람을
진실인 그 사람의 마음을 나는
믿습니다
순박하고
온유溫柔한 그 사람의 눈빛을
나는
믿습니다
세상이라는 야영에서 춤추는
뭇 바람의 소리를 들으면서도 흔들리지 않던
맑고 순결한
투명하고 정직한 몸가짐
말과 행동
그 전부를
나는 믿습니다

그래서
그 사람으로 하여금
나를 비취게 하는

그 맑고 눈부신 아름다움에서 나였음을
그것이
나의 행복이었음을 알게 하는 당신,
거기엔
어떤 가림도, 경계도, 영역도, 계층도
필요 없는 느낌
한줄기 사랑의 흐름 내밀어주는
그런
당신의 사랑인
내가 아닌 먼저 당신인 이 세상
홀로였던
진실의 빛을
나는
믿습니다.

나도 너인 것처럼

마음 가는 곳엔 너였고
마음 떠도는 곳도 너였을 내가
지금은 어디쯤에서 너를 찾고 있는지
갈 수 있는 곳도
가야할 곳도 없는
그래서 홀로여야 하는
언제나 홀로여야 하는 길에서
지나간 길도 다가갈 길도 그 위에선
늘 내 곁엔 너였기에 내가 있는
나였지

바람 부는 날
구름이 그저 흘러갔고
구름 떠도는 그곳엔 너였던 나였던
함께였기에
그렇게 흘러가는 모습으로
하늘 중천을 자유롭게 떠돌 수 있었다는 것을
너였던 나였고
나였던 너로서

우린
서로라는 울 밖을 상상하기 싫은 건
나도
너인 것처럼 이고 싶었기에.

고희를 넘기며

삶의 끝자락은 어디인가
참으로 아름다웠던 건
모두가 지나간 뒤에서야 알 수 있었다
삶의 여운餘韻이 아니던가
연륜을 세며 가는 우리의 삶
셀 수 있다는 연륜에서
셀 수 없음으로 만들어졌다면 차라리
좋았을 걸
날마다 하루를 맞는 아침이 있었고
다시 밤을 맞아야하는 하루의 끝자락
그렇게 숱한 나날이었을 줄이야
영감靈感도
변화도 모두가 사라져가야 하는 대자연의
순리 앞에서
삶은 한갓 구름조각 같이 흔적도 없이
사라지고 마는 형상形象이었던 것을
바람처럼 왔다가
구름처럼 떠돌다가 또 어디론가 사라지고 마는
한 순간의 자리차지인

그리곤 바로 떠나가야 하는 길손
한갓 그런 이야기 거리인 것을
어느 듯 칠순,
나의 화려한 증표로 남겨질
포말 같은 여운이.

이런 사람이 되게 하소서

비록 약하지만
분별할 수 있는 판단과
두려움에 처했을 때도 당황하지 않고
자신을 혼란에서 벗어나게 할 수 있는
용기를 가질 수 있는 사람이
되게 하소서
패배는
어쩌면 정직함을 저울질하는
더 준엄한 교훈으로 여겨볼 줄 알고
더러는 승리에서 안겨다주는
부와 명예에선 부디
오만하지 않고 겸손하게 스스로를
다스릴 수 있는
진실로 착한 인간이 되게 하소서

요행으로 갈 수 있는 지름길에서도
자만하게 하지 말게 하옵고
고통과 어려움에서
더 강한 모습을 보일 수 있는,

그리고 이를 저항해내며 버티게 할 수 있는,
궁지의 끝에까지 몰릴지라도 결코
무너지지 않으려는
초인간의 힘을 발휘할 수 있는,
그런 의식의 흔들리지 않는
그럴수록 더 시간과의 싸움에서
쉽게 판단하기보담
그 다음의 일을 위해
오직 사랑 깃든
온유한 마음으로 자신을 다스려지게 하옵소서

언제나 깨끗한 마음
높은 이상
그리고 남을 떳떳이 대할 수 있게
자기 자신과의 싸움에서
더 충실한 인간이 먼저 되게 하옵고
내일을 맞이하려는 설레고 순수한 마음만큼이나
과거를 생각하고 거쳐 온 그 숱한
못 다한 것들에 대한

깊은 참회懺悔에서
다시 한 번 생각해볼 수 있는 침착함
갖게 하옵소서
참으로 위대함은
미처 생각해보지도 못했던
한없이 소박하고 낮으며 미미微微한 것에서부터였다는 걸
발견해내 알 수 있는 그런 슬기로운 마음
늘 잊지 않게 하옵소서

그래서 헛되지 않는 이 작은 삶으로
벗어나지 않게
부디
아름다운 여정旅程이 되게 하옵소서.

정성

실로
아름다운 마음 하나 그렸네
음률과
빛깔과
모습 아우른
그런 원圓의 모습을
남루한 바닥위에 그려본 그런 애틋한 모습을
난 읽을 수 있었네
헌신적인 사랑에 몰래 스미어가
따스함 하나 멈춰지던 어느 날
구호의 손길 내민 그 손끝에서
사라지다 간신히 나타난 한 생명의 탄생처럼 그렇게
숱한 사람의 말소리 대신
진실과 순수한 드리움이
다시 새로움으로
그 빛
조명 되어
마음 드러낸
사랑의 소릴 읽어낼 수 있었네

그토록 갈망하며
바라던 한쪽
그 한쪽 위해 놓치지 않고 다가간 애태움
그런 하나 되어간
사랑의 둥지
거기엔
오직
정성하나 닻 내린
한 생명의 강렬한 빛
사랑이었네.

이 가을의 기도

이미 해는 저물어가네요
그렇도록 애태웠던 숱한 날
가만히 몸 가누고서
오늘 하루 동안 멈췄던
그 많은 흐트러진 마음 하나 되어
이제는 다가와
더 멀리일 수가 없는
그렇게 될 수가 없는 하나 되어
서로는 마음 가두고 선
오늘 이 하루가
저물어가네요

가을
헤어져도 아니 헤어진
너였고 나였듯 그렇게 늘
우린
한결같이 하나이길 위해
맑은 하늘아래
짙은 가을 향에 취한 황홀에서 어쩌면 떨리듯 설레며

식지 않는
그 뜨거운 사랑 깃든 채 이려
따스한 두 손
누가 먼저랄 것 없이 닿아
다소곳이 멈춘
사랑의
작고 따스한 모습이게 하옵소서.

강江의 지혜

오직 함께만이 이기에
위대하다
결코 오만하지 않으며
될 수만 있으면 분리하지 않기에 더더욱
힘찬 줄기 되어 흐른다
가면 갈수록
멀리면 멀리일수록 더욱
크고, 깊고, 빠른 속도로 굽이치며 자유롭게
더불어 거대한 대지를 누비며
아래로 아래로만 그렇게 겸손히
바다를 향한
한결같은 소망이다

시기도
배척도 않으며
말없이 흐른다
서로는 바라는 바도 없이
먼저이려는 걸 탐하지도 결코 아니한다
그저 그냥 그러하려니 하고 순리대로

굽이친다
언제나 굴곡이 있는 듯 없는 듯이
서로는
만남을
소중하게 여겨있어 아우른 그 스스로가 경이롭다
늘 그랬듯
흐트러지지도 헤어짐도 없는
강의 숭고한 지혜가.

의미意味의 상상想像

‘히포크라테스’는
“인생은 짧고 예술은 길다”고 예설禮設을 남겼다
학문의 사설師說에서가 아니었다
인생의 바로 그 모습이었던 것이다
인문학[Humanities]이라 칭하는
아름다운 의미의 것에선
문학과 역사가 깃든 철학
형이상학形而上學의 논리에서 인류를
한 심리적 묘사로 연출 되는
가볍지 않은 영상물일 수도 있는 것을

분화噴火, 이동, 교차로 묘사 되는
변화의 추리가
의미의 근원이었을 것이다
상상의 나래에서 펼쳐 놓은
과거와 현재의 자리다툼이
늘 설레기만 한 미래를 위한 지금으로서
결합과 분열의 넋두리일 수도 있는
단순한 말과 몸짓인 것일 수도

하지만
만남과 이별처럼
나타남과 사라짐처럼 그렇게 돋보이는
영역으로만이
의미의 바탕을 펼쳐 놓은
그 무대의 극
극의 주인공
주인공의 내가 될 수 있는 것을.

종교의 모습

하나의 모습이었기에
멈출 수 없는
정신과 육신과의 몫이
인간과 종교 간에서 부질없이 논쟁해야했던
가련한 현실과 상상의 세계가
과거를 들추고 현재를 내밀며 미래를 추리해야하는
가장 안전하고 편안한 것에서부터
감당해낼 수 없는 것에 이르기까지 에서도
그렇게 다 맞이해야만 했던 것일까
믿음의 영적靈的인
신과 인간과의 거리에서 늘 갈망하는 모습으로
어쩔 수 없이 드러내고 있는
빛과 그림자 같은 영상影像 앞에서

현실과 상상의 세계
그만큼의 거리에서 고뇌하고
말과 행동을 다시 추슬러보아야 하는
그 하나하나 또한
수정될 수도

더 이상의 정화될 수도 없는
나약한 인간의 운명 같은 모습 앞에서
영원한 영적임을
흐트러질 수 없는 한갓 몸짓임을
그 모습 앞에서
얼마나 진실 되게 그려 보았던가
그대만이 가질 수 있는 스스로의 내면으로.

지금, 내 마음은

나는 지금,
죽어갑니다
그러나 나는 여기서 영원한 생명이
시작됩니다
언제나 마음은 하나
그래서 느낌도 하나랍니다
변하지 않는
변할 수 없는
삶의 시간이 더할수록 그만큼
더더욱 윤택한 젊음의 영혼으로 이끌려가고 싶은
업그레이드 될 수 있다는 걸

연륜의 향기,
때론 인간의 원동력으로 향유享有될 귀한 삶의 진실을
오롯이 위해
당신의 열렬한 응원이길
내 마음은
변하지 않는 내 마음은 희망하며
기다리고 있답니다
바로 어제처럼 오늘도 변하지 않는 젊음으로.

기다리면서

마을 뒤엔
개천이 있었다오
언제나 맑은 물이 찰랑찰랑 흘러갔고
어린 수양버들이 그래도 뽐내려는 듯
가지를 길게 늘어뜨려 물 깃에 닿으려하고 있었고
그 맑은 물줄기 따라 거슬러 올라오는 작은 물고기 떼들과
바닥엔 새하얀 모래
올망졸망 작은 돌멩이들이 방금 굴러갈 듯이 겹쳐있고
갓 솟아나고 있는 예쁜 풀꽃들이 여기저기에서
스쳐가는 실바람의 촉각과
풋풋한 풀냄새의 풀 향기까지
찰랑거리는 물소리며
곁들이어 어디선가 날아와선 저들끼리 지저귀는
새소리까지도
한 옥타브의 교향곡처럼
출렁이며 함께 저미어갔었지

풀꽃과의 여린 빛이며
잔물결의 멜로디며

뎜으로 와 닿는 싱그러움이 모두
개천에서 향유하는 한 춤사위四圍여
그 작은 움직임들에 대한 나의 이끌림은
마냥
아름다움뿐이라오
하나의 잎새에서 푸른 동산을
찰랑거리는 물소리에서 가슴 뛰는 리듬을
그 가슴 모두를 담아가는 듯한 싱그러움에서 설렘을
그렇게 예견할 수 있는 그런
언젠가는
그런 나의 먼 미래가 다가올 것이라는
기다림
기다림이 연출되어지는 대자연의
눈부신 이미지가
나를,
지금,
마구 출렁이는구나.

인문학의 빛

학문이라면
면과 벽과 선의 경계 같은 치우침이다
적어도 입체적임과
느낌 같은 운치가 탈퇴된 것 같은 단순이라기 보담
어딘가에 선 부드러움이 못다 미친
향기의 갈증 같은 모습이다
선線과 선이 합류되고
점과 점이 아우르며
면과 면이 내딛는 입체감이 다가오는
변형의 리듬으로 탐구해가는
어쩌면 한 가닥 선율 같은 화음으로
밀려옴일 것이다
서로 마주하지만 반사되지 않는
스미고
합류되며
새로움을 꿈꾸는 학문,
문학의 숨결로 속삭이는 학문,
인문학
인문학의 빛임을

아름다운 음악과
눈부신 빛과
오색찬란한 이미지의 입체감이
실오라기 같이 휘감으며 감싼 문학의 솟구침
아름다운 시어詩語에서 마냥 춤추다
박자와 강약과 움직임의 틈으로 다가선
발레리나의 스침이
그토록 격렬했던가
사상과 이념의 갈등이 멈춘다면 아마
신기루蜃氣樓 같은 모습으로
인간의 모상을
처음부터 끝까지를 다시 조각해내고선
미학美學의 논리를 함축한
생의 광장에서 내뱉는 최후의 말
'사랑'의 정의일 것이다
그 빛인 인문학이.

그런 모습처럼 소망한다면

바란다는 것은
그렇게 되기를 희망하는 것일 게다
늘 생각과 일치에 가까워지려고 노력하는 행동이며
맑고 신선한 이상理想의 몸과 마음도
새로운 삶으로
다가서려 하는 순수의 이념理念일 게다
상상적이고도 고매한 인품,
조용하고도 나직한 듯 소리 없는 몸짓,
한결 같은 맑은 눈동자,
인자한 대화의 소유자인 이 모든
부드럽고 난해하지 않는 움직임에서부터
안온한 기풍에 이르기까지
슬기롭고 다정한 사상의 소유자를 만날 수 있을 것이리
라는
오직, 소망
바로 이런 오랜 시간을 통한
그런 모습으로 되기를 바라던 것이었다면

아름다운 소망
그것이 바로 그대의 모습일 수도 있는
그런 아름다움일 수도 있는

어쩌면 그래서 더디어는 그 모습이 그렇게
생각처럼 그대의 모습도 변해갈 것일 게다
기다리고 기다리는
바라고 바라는 모습의 그 모든 것이 바로
그대의 얼굴에서 드러내어지는
소망의 모습으로
그가 말을 하면
강풍이 휘몰아치는 거처럼
그가 몸짓으로 내보이면
변화의 채색彩色이 반짝이면서 산과 들을
무지갯빛으로 수놓아갈 것 같은
아름다운 대자연을 무한히 펼쳐낼 것이다
시와 음악을 가락으로 물결쳐가며
예술을 품어낼 것이다
음악을 그림으로
그림을 운율로
운율을 리듬으로, 화음으로, 시詩의 단락과 어귀와
드디어는
보석 같은 시어詩語로 뜨겁게 분출噴出헤 내고야 마는
바라고 기다리던
그런 모습으로 되어가면서.

모아보세요

힘이 아닌 마음으로
부드러운 간격에서 하나이기위해 다가온
양 손의 바닥으론
따스함이 있는 것을
미처 알지 못했나이다
이리 저리 흔들리던 마음 여기에서 멈춘다면
기도는 하나의 흔들림 없는 것에서부터
그 전부를 감싸준 모습인 걸요
숱한 말과 글의 혼란스런 것들
사라져갈 어느 때쯤
소리 없이 다가온 마음 하나
온 몸과 마음 깃들인
그리고 나직한 자세의 몸짓이 있어
떨리듯
양손 내밀고 위로 올려 모둔 그 끝
당신의
소망이 이루어지길 간절히 바라는
순간이랍니다.

지금이기 위해

살아가는 법을 배운다는 것은
죽는 법을 알기위한 착실한 방법일 것일 게다
언제라도 죽을 준비인 것
감정과 통찰력이며
직관直觀과 그 모든 것들에 대한 집념의
벗어남 같은
한갓 내 몸의 실체적인 지금이기 위한 것임을
항상 좋은 사람이라기 보담
그저 그렇게만 좋은 사람이면 될 것이고
다만 자신에 대해
사랑하고, 동경하고, 가장 가까운 친구인 것 같은
그래서 진실로 자신을 존경하는 행복감인
기쁠 땐 그렇게
슬플 땐 슬픈 대로 그렇게 원 껏 표현하는
나의 지금이기 위함임을
가장 잘못된 것은
내 자신을 비하卑下하는 그 어떤 것에서도
안 될 일일 게다
습관이 지배되지 않는 스스로의 다스림에서

삶을 누리려 해보세요
바로 지금이기 위한 매력은
눈을 놀라게 할 뿐이지만
미덕은 영혼을 사로잡을 수도 있다는 사실에서
잠시 멈추게 해 보세요

때때로 죽음을 생각한다는 것은
그 위에 생명을 설계한다는 것에서,
죽음과 부활의 귀로에 선 오늘은
오늘로서 마지막이라는 것에서,
시간이라는 모래밭 위에 남겨질
한 때 그랬던 내 일생 발자국의
기억이라는 것에서,

그 나머지의 몫에서

사람들은
평균수명을 말하더라
환상의 셈을 하고 있는
그래도 나머지의 몫을 챙기겠다는
가상의 수치나마 기대어보고 싶은
인생 허망함을 말하려하는 걸까
환상 속에서 노래하는 아름다운 세계
환상 속에서 춤추는
모든 움직임과, 변화와, 리듬의
현란絢爛한 세계를 놓치지 않으려
그때까지를 점店쳐보며
지금을 그토록 움켜쥐려하는
사상과 철학
종교와 예술을 갈취해
나머지의 몫
가상의 그 나머지의 몫을 그토록 갈망하며
춤추고 노래하는
한갓 몽상의 지금
이 순간을
노래하는 걸까.

지금, 나누세요

테레사 수녀의
사랑입니다
성인聖人의 반열班列에 선 그녀
보지 못하는 예수님은
바로 당신 곁에,
당신 옆에,
당신과 같이하고 있는 지금의
보이는 모든 사람 중에서 볼 수 있는 것을 알지 못해
보이지 않을 뿐이라고
굶주린 자에게 당신이 건네는
그 빵조각 하나는 성체聖體였음을
지금, 눈앞에서 아른거리는 그 사람이 어쩌면
내일은 영영 보질 못할 지금의
그 사람일 것이라면
지금, 나눠야만 하는 것을…
바로 그 사람을 발견한 상대가
성인일 수 있고
그 사람에게 건넨 미세한 빵 한 조각의 몫이
사랑의 성체였음을
그렇게 환원 될 것 이였음을

구호 사업이 '구걸'이라고
'구걸의 모습'이라고 여겨보셨나요
받아서 오롯이 넘겨주는 이의 모습이 그런
모습이던가요
한 조각의 빵,
한 잔의 차,
필요한 것은 바로, 오늘, 이 순간이라는 걸
기억 해주세요
그 사람을 볼 수 있는 바로 지금을 놓치지 마세요
사랑은
생각과 말과 행동의 원초적原初的인
'기도祈禱'의 뜻 이였다는 것을
인류애의 빛
사랑을
지금
나누세요.

영혼을 위하여

만남의 선에서
우연을 보았네
꽃과 나비였지
볼 수 있음과 볼 수 없는
떠도는 수많은 말과 글, 그 종縱과 횡橫의 나열이었지
우리의 속삭임에서
거역할 수 없었던 아름다움이 치닫고
기쁨과 슬픔이 부딪는 순간
빛과 그림자가 보채며 숨 가삐 에워싸여져 갈 때쯤부턴
사랑은 싹터갔지

생각의 누리에서 수 없이 갈등했고
영혼과 육신의 강렬한 이미지로
잔인한 지금을 노래하며 가련하게 달래려네
그렇게 이끌려온 신비로운 산천은 덩실 되며
빛과 향기로 쏟아져 내려와
서로를 일깨워 간
축배의 장
바로! 지금! 여기!

영롱하고, 아름답고, 눈부신, 새 둥지
수많은 축하객에 휩싸인,
스포트라이트spotlight를 한 몸에 다 받고 선,
이제, 막 출발하려한 한 쌍 설렘으로 맺은,
신랑과 신부의 서약인
사랑, 믿음, 소망이어라
영원한 사랑으로
영원한 사랑으로 맺은
영혼을
위하여.

* 조카 '경미' 결혼을 축하하며 아제비가.

죽음을 앞둔 말의 성찬

세상은
그래도 아무 일 없는 듯 여전히
바쁘고 무심하게만 돌아가는 걸까
그렇게 성가시던 문자메시지도
주인 잃은 전화기의 대답 없는 울림도 메아리로만 되돌
아오는 듯
그 귀한 물질들,
날마다 바라보던 달력,
하루에도 수십 번
초심을 노리던 시계며 그 모둔
한 순간에 다른 사람 손에 넘어갈 걸까

죽음 바로 앞에 다가선 모습은
실로 두려워할 것도 아닌
서두를 것도 없는 거저 담담하기만한 기다림인 것인지
말기 암 환자도
산소통을 달고 있는 환자며 호스피스의 눈길 피할 수
없는 환자도
이렇게 말한다고
성찬 깃든 그런

“하루하루가 아름답다.
바람에 앞뒤로 흔들리는 나뭇잎을 바라보며
(watch the leaves sway back and forth)
아직 살아있음에 행복을 느낀다.”

“나는 세상에서 가장 운 좋은 사람이다.
사랑하고 사랑해주는 아내, 아들, 딸, 손주, 증 손주를
얻었으니, 그 이상 더 바랄게 뭐 있느냐.“

“오래전에 만난 그 소녀
먼 장래를 약속했던 그 소녀가 연락이 끊어진 것이
유일한 한인 것을…”

그렇군요
아름답지요
모두가 다
이런 아름다운 세상에서 아직 살아있다는 것이
이렇게 살아
생각할 수 있고, 볼 수도 있으며, 말 할 수 있는 내가

얼마나 축복받은 걸까요
마지막,
마지막이라고 생각하는 그 순간
아름다움밖에는 그이상은 더 생각해볼 겨를이 없었기에
쏟아지는 말의 성찬 앞에서 눈물을 흘리기만 하고 있는
것일까.

어제와 오늘

가두는 것에서 정해졌을까
이쪽과 저쪽처럼 그렇게
앞과 뒤의 모습은 또 어떻게 말해야 할까
여기와 거기는 또 얼마나 먼 것이기에
그랬을까
시간과, 느낌과, 움직임과, 변화의 닻을
어느 심연深淵의
임의로 정해본 깊숙이 에다 내려놓곤
나의 위치를
아무도 간습하지 않는 위치에다 두었을 때
거기서 나는
내가 되었음을 느꼈을 때
세상은
한 폭
아름다운 그림이었고
삶과 죽음을 단막극으로 펼쳐낸
지금이었음을

너였기에
내가 될 수 있는 인연因緣의 미美
그래서
오늘은 내일을
내일은 또 거슬러 오늘을 동경하는 걸까
모든 것에서 벗어나려는 생각
그것에선
더 무엇을 꾸며보려 할 것 있을까
나무는 나무대로
풀잎은 풀잎대로며
저 뒹굴고 있는 바위는 바위로서 이면 족한 것을
서로 마주보는
너와 난
어쩌면 한갓 빛과 그림자의 형상 같은 것이거나
우주 만물의 섭리攝理 또는 윤회輪廻의 신비스런 모습
같은
어제와 오늘인 것임을.

법 앞에서의 모습

생명 존엄,
선별 없는 평등,
질서 띈 자유,
여기에 법은 간섭 할 수 없다
아니 수정할 수 없는 법의 원리다, 왜냐하면
그것이 기본이기 때문일 것이다
아름답고
사랑스럽고
예쁜 모습의 삶
그 삶에 어떤 티만큼의 수정이, 관여가, 삭제가
되어서는 안 될 것이다
마치
빛이 가는 길에 그림자는 방향을 그 빛에서 틀 수 없는
각도가 다른 위치에서 나타날 수가 없듯이

진정한 법
그 법의 힘은 사랑이다
법 앞에서 소곤거리는 모습은 비열하다
황금의 힘도 아니 될 것이고

권력의 힘도 버티지 못할 것이며
수정하고 변경하는 부칙도 기만인 것이다
진실을 위한 삶 앞에서 슬픔을 안겨준다는 건
한 인생의 유일한 생존건립에서
섭리攝理를 감싼 윤회輪廻의 모습을 떠올리는 것과는
아닌
개체 형성이 될 수 없는
한갓 허상에 지나지 않을 것이다

법은
진리며
가장 작은 모습에서 바라볼 수 있는 눈의 동공瞳孔 같은
힘이며
한 생명을 감싸주는
그런 빛과 그림자의 모습 같이 되어져야할 것이며
마지막 인간의 보로甫老로
원 없이 끌어 안겨져야 될 것이다
법 앞에선
유일한 나와 내가 되기 때문일 것이다.

솔로몬의 재판

결과를 두고 하는
그 순간이었다
검劍을 휘둘러 내리치려하는 순간
내 목숨 같은
핏줄의 자식이
생명의 박동에서 절규한다
그 어떤 것도 아닌
바로 나의 살점인 것이다
어떤 재판도
재판을 위한 재판 그 외는
아닌 것이다
판단은 결과 이전의
결과 직전의 가장 위험한 진행 중인 것이다
진실 앞에선
적어도 오만傲慢만큼이나 주관적이며
인류의 태만인 것이다

둘로 갈라졌을 때의
결과는 이미 되돌릴 수 없는 결과로서

양심을 말살한 것이고
그 이전
생명의 수족이 하나일 수밖에 없는
관통될 수 없는 유일한 하나,
여기에
소유는 관념적 소유가 아니다
소유이전
유일한 한 개체의 존재가치인 것이다

어머니의 심정은
신이 될 수 없는 인간의 능력을 이미 알고 있었다
재판이전
재판에 먼저 굴복하는 것이
재판을 위한,
재판의,
가장 위대한 재판인 것을 알고 있었기 때문이다
진실의 그늘에서
스스로 진실을 쓸어안고 있었기 때문이다
친어머니의 포용은.

새 생명의 환희

한 생명의 탄생이
지상地上을 조명해낸다
그 빛과 모습이며 변화와 움직임이다
섬세함에서부터 미미함을 다스리다 또렷한 곡선으로
이어져간
흔들림은
그 순간을 접목椄木한
예술의 환생이다
새롭고 신비로운
한 폭의 그림으로, 한 편의 시로, 한 옥타브의
선율로
펼쳐내고
그려지며
노래했으리라
촉각의 떨림에서
생명은 모습으로
모습은 느낌으로 드러내려
범위와 거리의 간섭을 벗어나면서 부턴 얼마나 설렜던지

아름답고 영롱한
빛이여!
생명의 탄생은
싱그러운 지상의 축복이며
새 역사가 기록될 일면의 범위로 점유占有되고만
가장 위대한 파동이고,
영원한 영역이며,
눈부시고 신선한 새 생명 위한
환희의 순간이다.

* 2016.10.15. 외손자녀의 100일과 돌을 축복해보며.

제5부

시의 세계

시인이세요

시,
시라고 말하는구려
시를 읊고 있는가요
시를 리듬으로, 낭송으로, 노래로 그렇게
하려는 건
시의 운율을 이미 타고 있는
격렬한 시인의 시샘을 타고 있는 걸요
진정 시인인 걸
그런 당신을 나는 시인이라
조심스레 불러드리고 싶은 걸요

부딪힘에 자극하고
자극으로 떨리며
떨리면서 밀려오고 밀려가는 여울처럼
잔잔한 가슴 파고든
실결 같은 기쁨과 슬픔들
한 가닥 당신은
연결되지 못하는 감정의 실마리로 애태우는
당신과 나 사이의

동경이고 끝없는 기다림이며
새로움의 속삭임인 걸요
그렇게 와 닿는 시의 선율,
아름다운 시의 화음,
화음이 된 정결한 하모니인 걸요
진정
당신은
시인인 걸요 내게 와 닿는
겸허함으로.

보고도 표현해 내지 못하는 안타까움

보고서도
듣고서도
만져보고서도 느껴보고서도 그 모습, 그 느낌을
말로서도 글로서도 못해하는 안타까움
어떻게, 어떻게 해야 하나요
그 모습 어려오던
그 순간 덮쳐오던
불같은 감정 가두어둘 곳 없는
텅 빈 마음을 어떻게, 어떻게 추슬러 볼 수 있나요
한 순간 스치면
영원히 놓치고 마는
그 숱한 희비애락을
놓치고 나면 허망한 걸
격렬하고 열광적이며 눈부셨던 그 영롱한 모습들을

그림으로이기 위한 스케치였어도
한갓 도형과 입체이기 위한 조각의 기교技巧였어도
선율을 품어내는 한 가닥 리듬의 자국이었어도
아님, 보석 같은 시어의 질서 없는 한 편의 시로서도

여백을 그나마 습작 할 수만 있었더라면
이 안타까움을
내 안의 그 무엇으로 달레야 합니까
눈앞에서
보고도, 듣고도 가두어보지 못하는
이토록 안타까운
나의 허상을,

시적 미학

굳이
초월이라고 말하고 싶지 않다
그건
한계의 선에서 안타까워해야하는 끝지점으로
두려워하기 때문일 것이다
배열도 범위도 차마 선별해놓지 않는 자유,
자유의 굴레에서 엿보이는 아름다움,
아름다움의 범주에서 구속되지 않으려는
사유事由의 몸짓일 것이다
정해둔 표어 같은 말
종교며 철학, 가슴 뛰는 도덕
숱한 고매한 언어들의 세계에서 활보하는
삶의 소리들이
우리를 구속하고 또 그렇게 되기를
일상에서 관여하지 않던가
시詩,
참으로 영롱한 그대로의 빛으로
인간의 눈과 귀를 혼란케 하고 그러고도 가슴 깊숙이
스며든

떨리는
터질 듯한 박동이 아니던가

한 편의 시 속에서
내가 되고 싶어 하는 문학 언어의 순수성,
진정 예술의 경지에서 녹아난
작은 움직임에서부터 변화며 새로움으로
빛과 소리와 도형의 그 전부를 함축한
반짝이는 시어 하나에서도
놀랍고 신비로운 발견을 위해
얼마나 애태웠던가
그 전부를 하나로 가두어보고 싶어 하는
시의 연과, 행과, 단락과, 시제를 가두고만
긴 침묵 속에서 그토록 이글 거리다
오랫동안 고뇌하며
실로 아름다움을 찾아 헤매려는
그림동산 같은
시적 미학이 아니었던가.

시의 농도

짙어 넘쳐나던지
더 많아 덮치던지
시의 액은 그렇게 한도초과다
더 짙었기에 이웃을 범람해
범람하다 못해 제 몸 같이 만든
반짝임과, 드러남과, 솟구침으로 정복하고 만다
그것이 더 예쁘고 아름다웠기에

시의 농도는
형용할 수 없는 모습이고
계산해볼 수 없는 수치이고
저울질해볼 수 없는 무게며
상상할 수 없는
리듬과 화음
빛과 소리와 아우름의 하모니다

마음 쏠리는 목표물에선
치닫는 감명으로 출렁거려
그 어느 하나에서부터도 몸 둘 바 몰라 했던

황홀하고
온몸 녹아
무참히 함몰되고 만
이끌림의 덫
사방은 짓눌려버린다네.

구두점句讀點 하나에서

숨 쉬고 있다
운율이
처음과 끝을 의식하지 못한 채
공간과 여백 이미지와 맥락脈絡을 들추며
리듬으로 간신히 단락의 이어짐과 분리됨을
추리해낸다
구두점의 사이에서
시어詩語며 행간行間 그리고 그 여백까지 미치는
시제詩題에 대하여 격돌하며 격렬하게
꿈틀거린다
멎음과 이어짐에서 닻 내린
마지막 구두점을 위해
쉼표와 느낌표와 줄임표에서
따옴표와 쌍따옴표까지도
아름다움을 창출해 내는 탄생의 순간이다
한 편의 시, 그 전체의 이미지를 탐지해 내는
점
하나에서.

환상에서의 시 세계

현실로 받아들여지지 못하는
초현실
원거리와의 타협이다
기교技巧라고 말하기엔 너무 먼
환각적 현상이랄까
그래도 이성적인 궤도를 이탈할 수 없는
삶과 죽음이 신神과의 결별일 수 없는
처절하리만큼 난해한 진통이었기에 더더욱
찬란하고 눈부셔
요란한 시時 & 공간을 탈피하려는
적어도 창조적이고, 발명이며, 현란한 창작으로 이끌어
내려는
한 단락의 문장일 것이다
예언과 그 희망과의 설렌 펼침이
시의 환상
시의 이미지
시의 화음인 것일 게다
언제나
유년의 동경어린 새싹처럼…

시의 자극

만듦이 아니고 태어남이다
생겨남이 아니고 나타남이다
빛보다 먼저
모습보다 먼저
소리보담 먼저 움직임보다 먼저인 너
네 모습은 그렇다
아름다움이고
향기며
화려함이고 눈부시며 현란함이다
너를 보는 동안 나는
적어도 내 모습은 네게로 가려한다
그래서 네 모습처럼 나도 너이고 싶다
한 송이 꽃으로
한 다발의 송이로
한 아름의 기쁨과 행복으로 안겨져 있는
너를 위한
너이기 위한
너를 사모하는 한 잎 곁잎으로도 머물고 싶다

지금, 내게 와 있는
처절한 자극이.

시심

모양이 있어도 틀을 만들 수 없고
향기가 있어도 느낄 수 없는
억눌림으로 떠도는 움직임의 모습을
사람들은 애써 담으려 하는
순간에서 영원으로 가는 길목이
이토록 난해하기도 현란하기도 해
종잡을 수 없는 그쯤에서 멈춰보는 나의 정체는
무엇이던가
벗었다 입으면 내 모습이고
다시 벗으면 한줌의 흙으로 산천에 뿌려질
나는 그렇게
한갓 흙의 조각인 것일 뿐

구겨진 종이 위에
삐뚤삐뚤한 글체로
쓰다가 지우고 쓰다가 지우는 한줄기 글,
생명의 글이기 위한
애타는 내심의 표출이기 위한
살아 숨 쉬는 격돌로 허우적이기 위한 그런 글

분출噴出해내듯
뛰는 심장 박동의 힘찬 여동餘動으로 전율되는
파문波紋을
원하지 않았던가
여기에
수정이 필요하며
진통이 필요하며
오랜 시간과의 사투를 원해야 했던가
순간이면 되고
영감靈感이면 되고
부딪쳐 깨어지는 그런 내 모습이면 그만인
한줄기 글,
한 단어의 시어며
한 단락으로 이어지는
내게서부터 당신까지의 한줄기 리듬
힘찬 그 연동連動이면
하는 것을.

* '큰 바위 얼굴'을 바라보는 시인과 어어 니스트와의 진실한 대화에서.

그리움 6

초판1쇄 발행 2016년 12월 20일

지은이 곽현의
펴낸이 이길안
펴낸곳 세종출판사

주소 48964 부산광역시 중구 흑교로 71번길 12 (보수동2가)
전화 463－5898, 253－2213~5
팩스 248－4880
전자우편 sjpl@chol.com
출판등록 제02-01-96

ISBN 979-11-5979-092-8-04810
979-11-5979-091-1(세트)

정가 10,000원

* 본 서적은 한국예술인 복지재단의 창작 준비 지원금으로 제작된 것입니다.